DIREITOS
HUMANOS

O GEN | Grupo Editorial Nacional – maior plataforma editorial brasileira no segmento científico, técnico e profissional – publica conteúdos nas áreas de concursos, ciências jurídicas, humanas, exatas, da saúde e sociais aplicadas, além de prover serviços direcionados à educação continuada.

As editoras que integram o GEN, das mais respeitadas no mercado editorial, construíram catálogos inigualáveis, com obras decisivas para a formação acadêmica e o aperfeiçoamento de várias gerações de profissionais e estudantes, tendo se tornado sinônimo de qualidade e seriedade.

A missão do GEN e dos núcleos de conteúdo que o compõem é prover a melhor informação científica e distribuí-la de maneira flexível e conveniente, a preços justos, gerando benefícios e servindo a autores, docentes, livreiros, funcionários, colaboradores e acionistas.

Nosso comportamento ético incondicional e nossa responsabilidade social e ambiental são reforçados pela natureza educacional de nossa atividade e dão sustentabilidade ao crescimento contínuo e à rentabilidade do grupo.

Exame nacional da
**Magistratura
ENAM**

Coordenação
**Cleber
Massson**

DIREITOS
HUMANOS

2ª edição revista e atualizada

VALERIO
MAZZUOLI

- O autor deste livro e a editora empenharam seus melhores esforços para assegurar que as informações e os procedimentos apresentados no texto estejam em acordo com os padrões aceitos à época da publicação, e todos os dados foram atualizados pelo autor até a data de fechamento do livro. Entretanto, tendo em conta a evolução das ciências, as atualizações legislativas, as mudanças regulamentares governamentais e o constante fluxo de novas informações sobre os temas que constam do livro, recomendamos enfaticamente que os leitores consultem sempre outras fontes fidedignas, de modo a se certificarem de que as informações contidas no texto estão corretas e de que não houve alterações nas recomendações ou na legislação regulamentadora.

- Fechamento desta edição: 08.07.2024

- O autor e a editora se empenharam para citar adequadamente e dar o devido crédito a todos os detentores de direitos autorais de qualquer material utilizado neste livro, dispondo-se a possíveis acertos posteriores caso, inadvertida e involuntariamente, a identificação de algum deles tenha sido omitida.

- **Atendimento ao cliente:** (11) 5080-0751 | faleconosco@grupogen.com.br

- Direitos exclusivos para a língua portuguesa
  Copyright © 2024 by
  Editora Forense Ltda.
  Uma editora integrante do GEN | Grupo Editorial Nacional
  Travessa do Ouvidor, 11 – Térreo e 6º andar
  Rio de Janeiro – RJ – 20040-040
  www.grupogen.com.br

- Reservados todos os direitos. É proibida a duplicação ou reprodução deste volume, no todo ou em parte, em quaisquer formas ou por quaisquer meios (eletrônico, mecânico, gravação, fotocópia, distribuição pela Internet ou outros), sem permissão, por escrito, da Editora Forense Ltda.

- Capa: Carla Lemos

- **CIP-BRASIL. CATALOGAÇÃO NA PUBLICAÇÃO**
  SINDICATO NACIONAL DOS EDITORES DE LIVROS, RJ

M429d
2. ed.

Mazzuoli, Valerio
   Direitos humanos / Valerio Mazzuoli ; organização Cleber Masson. - 2. ed. - [2. Reimp.] - Rio de Janeiro : Método, 2025.
   160 p. ; 24 cm.   (Exame nacional da magistratura - ENAM)

   Inclui bibliografia
   material suplementar
   ISBN 978-85-3099-530-0

   1. Direitos humanos - Brasil. 2. Serviço público - Brasil - Concursos. I. Masson, Cleber. II. Título. III. Série.

24-92573

CDU: 342.57(81)

Gabriela Faray Ferreira Lopes - Bibliotecária - CRB-7/6643

Apresentação

O Exame Nacional da Magistratura (ENAM) foi criado pela Resolução n. 531, editada pelo Conselho Nacional de Justiça (CNJ) no dia 14 de novembro de 2023.

Suas finalidades consistem em *(a)* instituir habilitação nacional como pré-requisito para inscrição nos concursos da magistratura, de modo a garantir um processo seletivo idôneo e com um mínimo de uniformidade; *(b)* fazer com que o processo seletivo valorize o raciocínio, a resolução de problemas e a vocação para a magistratura, mais do que a mera memorização de conteúdos; e *(c)* democratizar o acesso à carreira da magistratura, tornando-a mais diversa e representativa.

Trata-se de exame eliminatório (e não classificatório), cuja aprovação é imprescindível à inscrição preliminar em concursos de todas as carreiras da magistratura. Não há necessidade de superar as notas de relevante parcela dos demais candidatos. Basta alcançar a pontuação mínima exigida, a saber, 70% para a ampla concorrência, ou 50%, no caso de candidatos autodeclarados negros ou indígenas.

A prova, de caráter objetivo, abrange as seguintes disciplinas: Direito Administrativo, Direito Civil, Direito Constitucional, Direito Empresarial, Direito

Penal, Direito Processual Civil, Direitos Humanos e Noções Gerais de Direito e Formação Humanística.

Na condição de coordenador da presente coleção, escolhemos professores qualificados, com indiscutível experiência na preparação para provas e concursos públicos. Bruno Betti Costa, Monica Queiroz, Rafael de Oliveira Costa, Alexandre Gialluca, Alexandre Freitas Câmara, Marcelo Ribeiro, Valerio Mazzuoli e Alvaro de Azevedo Gonzaga são expoentes da docência, reconhecidos por toda a comunidade jurídica.

Os livros que integram esta coletânea visam à preparação objetiva e completa para o ENAM, fornecendo as informações necessárias para a sua aprovação, inclusive com a utilização de recursos didáticos diferenciados, consistentes em quadros e gráficos repletos de conteúdo.

Além disso, as obras não se esgotam nos textos impressos. Você, leitora ou leitor, tem acesso ao Ambiente Virtual de Aprendizagem (AVA), dotado de materiais complementares, questões para treino e aperfeiçoamento do aprendizado, bem como de vídeos com dicas dos autores.

Bons estudos e muito sucesso nessa jornada. Conte conosco!

Cleber Masson

Promotor de Justiça em São Paulo. Doutor e Mestre em Direito Penal pela Pontifícia Universidade Católica de São Paulo (PUC/SP). Professor de Direito Penal no Curso G7 Jurídico. Palestrante e conferencista em todo o Brasil.

Sumário

CAPÍTULO 1 – TEORIA GERAL DOS DIREITOS HUMANOS 1

1. Conceito 1

2. Terminologia 5

   2.1. Direitos do homem 5

   2.2. Direitos fundamentais 6

3. Amplitude 7

4. Fundamento e conteúdo 8

   4.1. Inviolabilidade da pessoa 8

   4.2. Autonomia da pessoa 8

   4.3. Dignidade da pessoa 9

5. Características 9

   5.1. Historicidade 10

   5.2. Universalidade 10

   5.3. Transnacionalidade 10

   5.4. Essencialidade 11

Coleção Exame Nacional da Magistratura – Direitos Humanos

5.5. Irrenunciabilidade 11

5.6. Inalienabilidade 11

5.7. Inexauribilidade 11

5.8. Imprescritibilidade 12

5.9. Vedação do retrocesso 12

6. Gramática dos direitos humanos 14

7. Interpretação conforme os direitos humanos 15

CAPÍTULO 2 – GERAÇÕES DE DIREITOS HUMANOS 21

1. Introdução 21

2. Inspiração da Revolução Francesa 22

2.1. Primeira geração (liberdade) 22

2.2. Segunda geração (igualdade) 22

2.3. Terceira geração (fraternidade) 23

2.4. Quarta geração (solidariedade) 23

2.5. Quinta geração (esperança) 23

3. As gerações de direitos na jurisprudência do STF 25

4. Críticas ao sistema geracional 27

CAPÍTULO 3 – DIREITO INTERNACIONAL DOS DIREITOS HUMANOS ... 31

1. Gênese e emergência do direito internacional dos direitos humanos 31

2. Estrutura normativa do sistema internacional de proteção 33

2.1. Sistema global 34

2.2. Sistemas regionais 35

2.3. Coexistência dos sistemas 36

3. Corte Internacional de Justiça e proteção dos direitos humanos .. 38

CAPÍTULO 4 – SISTEMA GLOBAL DE PROTEÇÃO DOS DIREITOS HUMANOS 43

1. Sistemas internacionais de proteção 43

Sumário

2. A Carta da ONU e a promoção dos direitos humanos................... 44

3. Direitos humanos e reserva de jurisdição interna: o art. 2.º, § 7.º, da Carta da ONU.. 46

CAPÍTULO 5 – DECLARAÇÃO UNIVERSAL DOS DIREITOS HUMANOS.. 53

1. Introdução... 53

2. Estrutura da declaração universal... 54

3. Natureza jurídica da Declaração Universal 58

4. Relativismo *versus* universalismo cultural............................. 59

5. Impacto (internacional e interno) da Declaração Universal............. 62

CAPÍTULO 6 – PACTO INTERNACIONAL SOBRE DIREITOS CIVIS E POLÍTICOS 65

1. Direitos previstos no pacto... 65

2. Comitê de direitos humanos... 67

CAPÍTULO 7 – PACTO INTERNACIONAL DOS DIREITOS ECONÔMICOS, SOCIAIS E CULTURAIS 71

1. Introdução... 71

2. Normativa programática 72

3. Sistema de monitoramento... 73

CAPÍTULO 8 – SISTEMA REGIONAL INTERAMERICANO DE DIREITOS HUMANOS.. 79

1. Introdução... 79

2. Convenção Americana sobre Direitos Humanos 80

3. Órgãos de proteção (Comissão Interamericana e Corte Interamericana)... 84

   3.1. Comissão Interamericana de Direitos Humanos 84

   3.2. Corte Interamericana de Direitos Humanos................... 87

4. Exequibilidade doméstica das decisões da Corte Interamericana... 90

CAPÍTULO 9 – RELAÇÕES ENTRE O DIREITO INTERNACIONAL DOS DIREITOS HUMANOS E O DIREITO BRASILEIRO 97

1. Introdução 97

2. Teoria Dualista 98

3. Teoria Monista 101

    3.1. Monismo nacionalista 103

    3.2. Monismo internacionalista 104

    3.3. Monismo internacionalista dialógico 106

CAPÍTULO 10 – INCORPORAÇÃO DOS TRATADOS DE DIREITOS HUMANOS NO BRASIL 113

1. Introdução 113

2. Processo de celebração de tratados na forma do art. 5.º, § 3.º, da Constituição 116

3. Hierarquia constitucional dos tratados de direitos humanos independentemente de aprovação qualificada 121

4. Efeitos dos tratados "equivalentes às emendas constitucionais" ... 122

    4.1. Reforma da Constituição 123

    4.2. Impossibilidade de denúncia 126

    4.3. Tratados como paradigma do controle concentrado de convencionalidade 128

5. Hierarquia constitucional dos tratados de direitos humanos independentemente da data de sua ratificação (antes ou depois da EC n. 45/2004) 128

6. Aplicação imediata dos tratados de direitos humanos 130

7. Tratados de direitos humanos como paradigmas à federalização das graves violações de direitos humanos: o incidente de deslocamento de competência (CF, art. 109, V-A e § 5.º) 132

8. Interpretação dos tratados de direitos humanos e princípio *pro homine* 134

Sumário

9. Conclusões acerca do procedimento brasileiro de incorporação de tratados internacionais: "sistema único diferenciado"...................... 135

CAPÍTULO 11 – CONTROLE DE CONVENCIONALIDADE...................... 143

1. Introdução.. 143

2. Doutrina do controle de convencionalidade no sistema interamericano 146

3. O controle de convencionalidade no Direito brasileiro.................... 151

   3.1. Controle concentrado de convencionalidade......................... 151

   3.2. Controle difuso de convencionalidade................................. 154

4. Controle de supralegalidade.. 157

5. Recomendação n. 123 do CNJ... 158

6. Devido processo convencional 159

   6.1. Devido processo convencional internacional......................... 160

   6.2. Devido processo convencional interno................................. 161

7. Teoria do duplo controle 163

8. Conclusão.. 165

CAPÍTULO 12 – DIREITOS HUMANOS DOS POVOS INDÍGENAS E COMUNIDADES TRADICIONAIS.. 169

1. Direitos humanos das minorias e dos grupos vulneráveis.............. 169

2. Direitos humanos dos povos indígenas e comunidades tradicionais.. 170

   2.1. Conceito de "povos indígenas" e "comunidades tradicionais".. 172

   2.2. Convenção Internacional sobre a Eliminação de Todas as Formas de Discriminação Racial (1965) 172

   2.3. Da visão integracionista à sociedade pluriétnica: as Convenções n. 107 e n. 169 da OIT 173

   2.4. Marcos atuais: Convenção sobre a Proteção e a Promoção da Diversidade das Expressões Culturais (2005) e Declaração das Nações Unidas sobre os Direitos dos Povos Indígenas (2007) 179

2.5. Proteção dos povos indígenas no sistema interamericano de direitos humanos.. 181

2.6. O caso da demarcação da Terra Indígena Raposa Serra do Sol.. 184

2.7. Declaração Americana sobre os Direitos dos Povos Indígenas (2016) 185

3. Resoluções do CNJ sobre direitos e garantias dos povos originários 214

CAPÍTULO 13 – EMPRESAS E DIREITOS HUMANOS......................... 223

1. Introdução.. 223

2. Princípios Orientadores sobre Empresas e Direitos Humanos da ONU (2011)... 225

3. Informe da Comissão Interamericana sobre povos indígenas, comunidades afrodescendentes e indústrias extrativistas (2015)....... 228

4. Projeto de convenção da ONU sobre empresas transnacionais e direitos humanos... 231

5. *Compliance* na proteção dos direitos humanos............................. 233

6. Racismo ambiental... 236

7. Direitos humanos das empresas?... 237

8. Meio ambiente e direitos humanos (Opinião Consultiva 23/17 da Corte Interamericana de Direitos Humanos)................................. 238

CAPÍTULO 14 – PRINCÍPIOS QUE REGEM AS RELAÇÕES INTERNACIONAIS DO BRASIL 247

1. Evolução histórica 247

2. O art. 4º da Constituição de 1988 251

2.1. Independência nacional 253

2.2. Prevalência dos direitos humanos...................................... 254

2.3.	Autodeterminação dos povos	255
2.4.	Não intervenção	257
2.5.	Igualdade entre os Estados	258
2.6.	Defesa da paz	259
2.7.	Solução pacífica dos conflitos	260
2.8.	Repúdio ao terrorismo e ao racismo	261
2.9.	Cooperação entre os povos para o progresso da humanidade	263
2.10.	Concessão de asilo político	264
2.11.	Integração latino-americana e formação de uma comunidade latino-americana de nações	265
3.	Jurisprudência	266

BIBLIOGRAFIA 273

Para otimizar ainda mais seus estudos, consulte o **Ambiente Virtual** desta coleção com **Dicas, Gabarito do exame anterior, questões para treino, videoaulas, artigos** e conteúdos extras. Instruções de acesso na orelha da capa.

Capítulo 1

Teoria Geral
dos Direitos Humanos

1. CONCEITO

Direitos humanos é uma expressão intrinsecamente ligada ao direito internacional público, visto que são garantidos por **normas de índole internacional**, com o propósito de proteger os direitos das pessoas sujeitas à jurisdição de determinado Estado.

Tais normas internacionais podem provir do sistema global (sistema da Organização das Nações Unidas – ONU) ou dos sistemas regionais de proteção existentes, bem como do costume internacional relativo à matéria. No que tange a esse último aspecto, não se descarta que os costumes internacionais também possam impor o respeito a determinados direitos humanos nos contextos global ou regional, razão pela qual terão idêntica aptidão para salvaguardar e proteger os direitos de quaisquer cidadãos sujeitos à jurisdição de um Estado. Na prática, no entanto, a imensa maioria das normas protetivas aos direitos humanos provém de **tratados internacionais** ratificados pelos Estados e em vigor internacional.

Sob a ótica espacial, a proteção jurídica dos direitos das pessoas pode ter origem na **ordem jurídica interna (estatal)** ou na **ordem jurídica internacional (sociedade internacional).** Quando é a primeira que protege os direitos de um cidadão, está-se diante da proteção de um **direito fundamental** da pessoa; quando, a seu turno, é a segunda que protege esse mesmo direito, está-se perante a proteção de um **direito humano** dela. Assim, desde já, é importante observar a precisão terminológica existente na utilização das expressões **direitos fundamentais** e **direitos humanos**, que são distintas e ligadas a ordens jurídicas diversas (ordem interna e ordem internacional, respectivamente).

Os direitos humanos são **direitos protegidos pela ordem internacional** contra as violações e arbitrariedades que um Estado possa cometer às pessoas sujeitas à sua jurisdição. São direitos indispensáveis a uma vida digna e que estabelecem um nível protetivo mínimo que todos os Estados devem respeitar, sob pena de **responsabilidade internacional**.

Em nosso entorno geográfico, o órgão competente para receber denúncias ou queixas de violações aos direitos humanos é a **Comissão Interamericana de Direitos Humanos**, que poderá submeter a questão à **Corte Interamericana de Direitos Humanos**, para intentar a condenação dos Estados-partes (entre os quais se inclui o Brasil) por violações aos direitos humanos previstos na Convenção Americana sobre Direitos Humanos (1969) ou em outros tratados de direitos humanos dos quais são partes os Estados.

Os instrumentos internacionais que visam proteger os direitos humanos existem nas esferas **global** e **regional**, tanto no âmbito das Nações Unidas (ONU) quanto no dos sistemas regionais de proteção (Conselho da Europa, OEA e União Africana). Eles podem se diferenciar pela **abrangência** de cada qual, podendo ser gerais, como os de proteção dos direitos civis e políticos e dos direitos econômicos, sociais e culturais, ou, ainda, voltados aos grandes temas do Direito Internacional dos Direitos Humanos, como os relativos à discriminação racial, ao desaparecimento forçado ou à tortura. Podem, também, ser voltados à **proteção de categorias específicas de pessoas**, como os instrumentos ligados à proteção dos direitos das mulheres, das pessoas com deficiência, dos povos indígenas e das comunidades tradicionais, dos idosos, da comunidade LGBTQIA+, entre outros. Além desses instrumentos, todas as normas de proteção internacional do **meio ambiente** e do **trabalho** também compõem o mosaico protetivo dos direitos humanos contemporâneos, sendo, igualmente, paradigmas ao controle de convencionalidade das leis.

A proteção dos direitos humanos é garantida independentemente da **nacionalidade** da vítima, bastando, para tanto, ter sido ela violada em seus direitos de índole internacional por ato de um Estado, sob cuja jurisdição se encontrava. Isto significa que pessoas de **quaisquer nacionalidades** podem denunciar o Brasil perante a Comissão Interamericana de Direitos Humanos por violação a direitos humanos seus, cujo amparo perante o direito interno brasileiro foi ineficaz ou inoperante.

> ### Atenção
>
> Na linguagem comum, emprega-se frequentemente a expressão "direitos humanos" para referir-se, também, à proteção que a ordem jurídica **interna** atribui àqueles que se sujeitam à jurisdição de determinado Estado. Em termos técnicos, porém, tal referência **não é correta**, devendo-se empregar a expressão "direitos humanos" apenas quando se está diante da **proteção de índole internacional** a tais direitos.

> **Importante**
>
> Muito embora a vítima de violação de direitos humanos seja protegida no sistema global de direitos humanos, independentemente de sua nacionalidade, certo é que a proteção mais efetiva se encontra nos contextos regionais de proteção, por contarem estes com tribunais especializados para julgamentos relativos a violações de direitos humanos. A Europa conta com a **Corte Europeia de Direitos Humanos**; o sistema interamericano com a **Corte Interamericana de Direitos Humanos**; e o sistema africano com a **Corte Africana dos Direitos Humanos e dos Povos**. Em matéria de **competência**, o tribunal competente nos sistemas regionais para verificar a responsabilidade internacional de um Estado é determinado por meio da jurisdição do **local em que tenha sido cometida a violação** de direitos humanos, e não por meio da nacionalidade da vítima. O que importa é a qual sistema de proteção faz parte o Estado (europeu, interamericano ou africano). Assim, uma violação de direitos a cidadão francês no Brasil previne a competência do sistema interamericano de direitos humanos, ao passo que uma violação de direitos a cidadão brasileiro na França previne a competência do sistema europeu de direitos humanos.
>
> **Origem das normas de direito internacional de direitos humanos:**
>
> 1. Sistema global: normas provindas da Organização das Nações Unidas (ONU).
>
> 2. Sistemas Regionais de Proteção: normas produzidas pelos sistemas europeu, interamericano ou africano. Não há sistemas regionais de proteção a direitos humanos em outras partes do planeta, como no Mundo Árabe ou na Ásia.

Cap. 1 – Teoria Geral dos Direitos Humanos

> 3. Costume internacional: normas com aplicabilidade concreta no âmbito do direito interno estatal, pois o costume internacional é fonte do direito internacional público, de acordo com o art. 38, *b*, do Estatuto da Corte Internacional de Justiça – ECIJ.
>
> A diferenciação terminológica em **direitos fundamentais** e **direitos humanos** adveio do momento em que os direitos fundamentais (internos) começaram a ser replicados ao nível do direito internacional público, a partir da intensificação das relações internacionais e da vontade da sociedade internacional em proteger os direitos das pessoas numa instância superior de defesa contra os abusos cometidos por autoridades estatais, o que levou os direitos de índole interna (fundamentais) a deterem o novo *status* de direitos internacionalmente protegidos (direitos humanos).

2. TERMINOLOGIA

Existem algumas expressões bastante próximas no campo dos direitos humanos, que merecem ser precisamente definidas para uma devida compreensão de como elas se diferenciam do conceito de "direitos humanos". São elas, as expressões "direitos do homem" e "direitos fundamentais".

2.1. Direitos do homem

São os direitos naturais aptos à proteção global do homem e válidos em todos os tempos e que ainda não foram positivados e, portanto, não se encontram nos textos constitucionais ou nos tratados internacionais de proteção. Tais direitos nascem e permanecem no âmbito dos direitos naturais, de compreensão universal e ínsitos ao espírito humano.

2.2. Direitos fundamentais

São direitos garantidos e limitados no tempo e no espaço, positivados e vigentes em dada ordem jurídica concreta. Tais direitos devem constar de todos os textos constitucionais, sob pena de a Constituição perder totalmente o sentido de sua existência. O conhecido art. 16 da Declaração dos Direitos do Homem e do Cidadão (1789) já dizia que não há Constituição em uma sociedade em que não esteja assegurada a garantia dos direitos, nem estabelecida a separação dos poderes.

As expressões direitos do homem e direitos fundamentais diferem do conceito de "direitos humanos", na medida em que este último diz respeito aos direitos **positivados em tratados ou advindos dos costumes internacionais**, ultrapassando as fronteiras estatais de proteção para ascender ao plano da proteção internacional, sob os auspícios da ONU ou dos sistemas regionais de proteção atualmente existentes.

> **Atenção**
>
> No âmbito da União Europeia, convencionou-se falar genericamente em "direitos fundamentais" para se referir tanto aos direitos garantidos pela ordem interna como pela ordem internacional, indistintamente. Essa não é, contudo, a terminologia utilizada pela ONU. O instrumento protetivo de direitos no plano da União Europeia denomina-se **Carta dos Direitos Fundamentais da União Europeia**, ao passo que, no Conselho da Europa, que abrange todos os 47 países europeus, o instrumento protetivo denomina-se **Convenção Europeia de Direitos Humanos.**

3. AMPLITUDE

No que tange à proteção dos direitos das pessoas, tem-se que os "direitos humanos" (internacionais) são **mais amplos** que os chamados "direitos fundamentais" (internos), uma vez que podem ser vindicados indistintamente por **todos os cidadãos** do planeta e em quaisquer condições, desde que ocorra a violação de um direito reconhecido em norma internacional aceita pelo Estado, em cuja jurisdição se encontre. Por outro lado, os direitos fundamentais, sendo positivados nos ordenamentos jurídicos internos e, portanto, não sendo dotados da característica da internacionalidade, sofrem **limitações** em razão dos interesses do Estado.

A Constituição Federal de 1988 aplica as expressões **direitos fundamentais** e **direitos humanos** com total precisão técnica. De fato, quando o texto constitucional brasileiro quer fazer referência aos direitos nele previstos adota a expressão "direitos fundamentais", como faz no art. 5.º, § 1.º, para se referir à imediata aplicação das normas definidoras dos **direitos e garantias fundamentais.** Quando o mesmo texto constitucional se refere às normas internacionais de proteção da pessoa humana, faz alusão à expressão "direitos humanos", tal como no § 3.º do mesmo art. 5.º, para se referir à incorporação com equivalência de emenda dos tratados e convenções internacionais sobre **direitos humanos** no Brasil.

Quando a Constituição pretende se referir, indistintamente, aos direitos previstos pela ordem jurídica interna e pela ordem jurídica internacional, não faz menção direta a nenhuma das duas expressões, como se observa no § 2.º do art. 5.º, em que menciona a expressão **"direitos e garantias"** sem maiores especificações.

> ### Atenção
>
> Nem todos os direitos fundamentais previstos nos textos constitucionais modernos são exercitáveis por todas as pessoas. Tome-se, como exemplo, o **direito de voto**, que não pode ser exercido pelos estrangeiros ou pelos conscritos durante o período de serviço militar obrigatório (art. 14, § 2.º, da CF). Tal direito, como se nota, é típico **direito fundamental** que, por não ser dotado da característica da internacionalidade, sofre **limitações** em razão dos interesses do Estado.

4. FUNDAMENTO E CONTEÚDO

Os direitos humanos têm por fundamento o valor que o Direito atribui a cada pessoa humana pelo simples fato de sua existência. Isto significa que basta a condição de **ser pessoa humana** para que os direitos humanos operem em relação a si. Tais direitos encontram o seu fundamento de validade na dignidade da qual toda e qualquer pessoa é titular, tendo por fundamento **três princípios** basilares. São eles:

4.1. Inviolabilidade da pessoa

Traduz-se na ideia de que não se podem impor sacrifícios a um indivíduo em razão de que tais sacrifícios resultarão em benefícios a outras pessoas. Nesse sentido, as pessoas guardam a característica intrínseca da inviolabilidade, que não pode ser ferida ou vilipendiada para destinar a outrem quaisquer benefícios.

4.2. Autonomia da pessoa

Toda pessoa é livre para a realização de qualquer conduta, desde que seus atos não prejudiquem terceiros. Há, portanto,

Cap. 1 – Teoria Geral dos Direitos Humanos

liberdade de atuação pessoal nos mais variados âmbitos da vida humana, vedando-se aos Estados e às respectivas ordens jurídicas cercear a autonomia pessoal, quando não há prejuízos a terceiros.

4.3. Dignidade da pessoa

Trata-se de princípio nuclear de todos os demais direitos fundamentais dos cidadãos. O princípio da dignidade da pessoa humana traduz-se na compreensão de que todas as pessoas devem ser tratadas e julgadas de acordo com os seus atos, e não em relação a outras propriedades suas não alcançáveis por eles. Assim, a raça, a cor, a origem étnica, a nacionalidade, a condição sexual, a opinião política ou o nível econômico ou cultural de cada qual não guarda qualquer influência na dignidade intrínseca de que todo ser humano é titular.

No que tange ao **conteúdo dos direitos humanos**, eles se caracterizam pela sua **indivisibilidade**. Eles não se dividem em "gerações", mas, ao contrário, se complementam e se fortalecem à medida do seu aparecimento, ligando-se à ideia de que os "direitos de liberdade" (direitos civis e políticos) não sobrevivem perfeitamente sem os "direitos da igualdade" (direitos econômicos, sociais e culturais) e vice-versa. Como exemplo, o direito à vida não se limita à vida física, mas abrange também todos os desdobramentos decorrentes das condições que essa mesma vida deve ter para que seja realizada em sua plenitude, condições tais que decorrem dos direitos econômicos, sociais e culturais.

5. CARACTERÍSTICAS

Os direitos humanos apresentam características marcantes que, por sua vez, devem ser devidamente compreendidas. Tais características os diferenciam de outras categorias de direitos conhecidas, como os direitos fundamentais (de índole interna) e os direitos do homem (de cunho jusnaturalista). Elas podem ser explicitadas relativamente à sua **titularidade**, **natureza** e **princípios**. São as seguintes características que atribuem aos direitos humanos especialidade e precedência no que se refere a outras categorias de direitos:

5.1. Historicidade

Os direitos humanos são históricos, constituindo-se em um conjunto de normas elaboradas de tempos em tempos à medida de sua necessidade. Exemplo de seu caráter histórico pode ser observado por meio da criação da Organização Internacional do Trabalho, em 1919, no pós-Primeira Guerra, bem assim no seu desenvolvimento no plano internacional a partir de 1945, com o fim da Segunda Guerra Mundial e com o nascimento da Organização das Nações Unidas.

5.2. Universalidade

Todas as pessoas são titulares dos direitos humanos, bastando a condição de ser pessoa humana para se poder invocar a proteção desses direitos, tanto no plano interno como no plano internacional, independentemente de sexo, raça, credo religioso, afinidade política, *status* social, econômico, cultural etc.

5.3. Transnacionalidade

Decorre da característica anterior e induz à ideia de titularidade de direitos a despeito do local (país, território ou espaço) em que as pessoas se encontrem, dado que a proteção internacional dos direitos humanos não conhece fronteiras e tem aplicabilidade a todas as pessoas indistintamente, sem levar em consideração

Cap. 1 – Teoria Geral dos Direitos Humanos

o critério da nacionalidade, podendo tratar-se da proteção de um nacional, um estrangeiro, um apátrida, um migrante, um refugiado etc.

5.4. Essencialidade

Os direitos humanos são essenciais por sua natureza, possuindo como conteúdo os valores supremos do ser humano e a prevalência da dignidade humana, o que lhes atribui especial posição normativa no mundo jurídico, razão pela qual muitas Constituições atuais (Peru, 1993; Argentina, 1994 etc.) estabelecem hierarquia diferenciada aos instrumentos a eles relativos.

5.5. Irrenunciabilidade

Os direitos humanos são irrenunciáveis, não podendo o seu exercício sofrer qualquer tipo de renúncia ou limitação. Dizer que os direitos humanos são irrenunciáveis significa que, mesmo a eventual autorização de seu titular, não justifica ou convalida qualquer possibilidade de violação do seu conteúdo.

5.6. Inalienabilidade

Os direitos humanos são inalienáveis, não podendo ser transferidos ou cedidos (onerosa ou gratuitamente) a outrem, ainda que com o consentimento do agente. Assim, os direitos humanos não estão disponíveis e não podem ser negociados, dada a inalienabilidade que lhes é característica.

5.7. Inexauribilidade

Os direitos humanos não se esgotam neles próprios, podendo a eles serem acrescidos novos direitos, em qualquer tempo, conforme prevê o § 2.º, art. 5.º, da Constituição Federal de 1988, quando aduz que os direitos e garantias expressos na Constituição "não excluem" outros decorrentes dos tratados internacionais de que a República Federativa do Brasil seja parte.

5.8. Imprescritibilidade

São os direitos humanos imprescritíveis, podendo ser, a qualquer tempo, reconhecidos e vindicados pelos seus titulares. O decurso do tempo não apaga ou retira do titular o direito de perseguir o direito ou a garantia que lhe foi tolhido. Por outro lado, observa-se que, não obstante a imprescritibilidade dos direitos humanos, há nos procedimentos perante Cortes ou instâncias internacionais exigência de cumprimento de prazos impostos por tratados internacionais, os quais devem ser examinados.

5.9. Vedação do retrocesso

Os Estados estão proibidos de retroceder em matéria de proteção dos direitos humanos, não podendo o Estado proteger menos do que já protegia anteriormente. Assim, se uma norma posterior revoga ou anula uma norma anterior mais benéfica, essa norma posterior é inválida por violar o princípio internacional da vedação do retrocesso ou da proibição de regresso. É o que se denomina efeito "cliquet" dos direitos humanos.

Além dessas características dos direitos humanos, existem outras decorrentes de declarações e resoluções internacionais adotadas em conferências especializadas com a presença de grande número de Estados: **indivisibilidade**, **interdependência** e **inter-relacionalidade**, que se ligam fortemente à proteção de direitos no plano internacional.

Cap. 1 – Teoria Geral dos Direitos Humanos

> **Importante**
>
> 1. Não se requer nenhuma condição para a efetivação dos direitos humanos, bastando a condição de ser **pessoa humana** para se poder invocar a proteção desses direitos.
>
> 2. A característica de essencialidade dos direitos humanos se faz presente nas intenções dos Estados manifestadas nos Preâmbulos dos tratados internacionais e em vários textos constitucionais que reconhecem interpretação conforme e hierarquia diferenciada aos tratados de direitos humanos aprovados e em vigor. Como exemplos, destacam-se as Constituições peruana, de 1993, e argentina, de 1994.
>
> 3. O art. 5.º, § 2.º, da Constituição Federal de 1988 traz o caráter duplamente inexaurível dos direitos humanos, que podem ser complementados por direitos decorrentes **do regime e dos princípios** por ela adotados, bem como por direitos advindos **dos tratados internacionais de direitos humanos** de que a República Federativa do Brasil seja parte.
>
> 4. Embora os direitos humanos substantivos não sejam sus-cetíveis de prescrição, certo é que o exercício do direito processual a eles respectivo sujeita-se aos prazos impostos por tratados internacionais. A Convenção Americana sobre Direitos Humanos, por exemplo, prevê que as petições ou comunicações sobre violações a direitos humanos devam ser apresentadas à Comissão Interamericana em um prazo de **seis meses** a partir da data em que o presumido pre-judicado em seus direitos tenha sido notificado da decisão definitiva (art. 46, § 1.º, *b*).
>
> 5. Alguns tratados internacionais de direitos humanos já contêm cláusulas dispondo que nenhuma de suas dispo-sições pode ser interpretada no sentido de limitar o gozo e exercício de direitos ou liberdades que possam ser reco-

nhecidos em virtude de leis ou de convenções em que seja parte um dos referidos Estados. Assim preceitua, por exemplo, o art. 29, *b*, da Convenção Americana de Direitos Humanos (Pacto de San José da Costa Rica).

Há várias manifestações no STF sobre o princípio da vedação do retrocesso, especialmente do Min. Celso de Mello, para quem "o princípio da proibição do retrocesso impede, em tema de direitos fundamentais de caráter social, que sejam desconstituídas as conquistas já alcançadas pelo cidadão ou pela formação social em que ele vive" (*vide* STF, ARE 639.337 AgR/SP, Segunda Turma, Rel. Min. Celso de Mello, j. 23.08.2011, *DJe* 15.09.2011.).

6. GRAMÁTICA DOS DIREITOS HUMANOS

Assim como na linguagem, os direitos humanos também contam com uma estrutura formal de regras advindas, sobretudo, de tratados internacionais, para o fim de guiar o aplicador do direito à solução adequada, sobretudo no plano do direito interno.

A estrutura formal dos direitos humanos abrange os sistemas internacionais de proteção (subdivididos em sistema global e sistemas regionais) e sua normatividade, da qual derivam os mecanismos específicos de proteção dos direitos humanos, tanto convencionais como não convencionais.

A **gramática dos direitos humanos** faz compreender, portanto, essa mecânica de proteção nos contextos global e regional, construindo um caminho seguro de aplicação das normas internacionais no âmbito interno.

Uma perfeita compreensão da estrutura formal do sistema protetivo dos direitos humanos auxilia as vítimas de violações de direitos humanos a vindicar seus direitos, quer nos tribunais internos quer nas instâncias internacionais.

Conhecer a gramática dos direitos humanos é conhecer o **modo pelo qual os direitos humanos são protegidos** no plano internacional e como tais direitos podem ser vindicados perante instâncias internas e internacionais de proteção.

7. INTERPRETAÇÃO CONFORME OS DIREITOS HUMANOS

Todas as normas presentes em um determinado Estado, sejam elas internas ou internacionais, devem ser interpretadas **em conformidade** com os direitos humanos ali em vigor, sem qualquer exceção.

Os direitos humanos não se sujeitam a quaisquer regras de direito interno estatal, senão o contrário: todas as normas em vigor na ordem jurídica interna **devem conformar-se** aos ditames e paradigmas que a ordem internacional de direitos humanos entende como imprescindíveis. Assim, quer seja a Constituição do Estado (norma interna) ou um tratado internacional de comércio (norma internacional) em vigor nesse mesmo Estado, ambas as normas devem ser interpretadas "conforme" as diretrizes dos direitos humanos previstas em tratados ou em costumes internacionais relativos a direitos humanos, a fim de encontrar a melhor proteção para o direito da pessoa em um dado caso concreto.

A interpretação conforme os direitos humanos impede, também, que seja aplicada norma menos benéfica ao ser humano em detrimento de norma a ele mais favorável. O **princípio *pro homine*** ou ***pro persona*** é o princípio básico presente em todos os tratados de direitos humanos, por meio do qual o intérprete, em um dado caso concreto, deve sempre aplicar a **norma mais favorável** à pessoa, para encontrar a solução **mais protetiva** ao ser humano sujeito de direitos.

Trata-se de um sistema coerente de aplicação do direito, porque prima pela aplicação da norma mais protetiva ao ser humano, independentemente de tal norma ser de índole internacional ou interna. Tudo, portanto, quanto diz respeito à aplicação e à garantia de direitos de qualquer índole ou de qualquer espécie deve pautar-se na **interpretação conforme os direitos humanos**, até mesmo para que se aplique, eventualmente, uma norma interna mais benéfica à pessoa em detrimento de norma internacional menos protetora (certo de que a autorização para a aplicação da norma interna mais benéfica provém do próprio instrumento internacional, como explica a teoria do **monismo internacionalista dialógico**).

A interpretação conforme os direitos humanos deve seguir, prioritariamente, o entendimento da jurisprudência dos tribunais internacionais respectivos. Em nosso entorno geográfico, é a jurisprudência da Corte Interamericana de Direitos Humanos que dita o valor jurídico de um determinado direito previsto na Convenção Americana sobre Direitos Humanos. As decisões dos tribunais regionais de direitos humanos, além de vincularem diretamente as partes (*res judicata*), valem também para os demais Estados-partes da Convenção como regras a serem internamente seguidas (*res interpretata*).

Para os Estados-partes à Convenção Americana, a interpretação que faz a Corte Interamericana relativamente a um determinado direito previsto na Convenção tem valor jurídico para todos os Estados-partes do Pacto de San José, devendo ser por eles seguida (a título de *res interpretata*) quando se tratar de compreender o conteúdo ou o alcance de quaisquer normas em vigor no plano do direito interno.

Cap. 1 – Teoria Geral dos Direitos Humanos

Atenção

1. Tendo em vista a interpretação conforme os direitos humanos, percebe-se que a lógica de que "a sentença faz lei somente entre as partes" não tem aplicação geral no âmbito do sistema internacional de proteção dos direitos humanos, pois as decisões de tribunais internacionais de

direitos humanos têm valor de "coisa interpretada" para terceiros Estados, certo de que essa interpretação deve ser seguida por tais soberanias em suas ordens domésticas.

2. Não apenas as normas internas e internacionais alheias ao tema dos direitos humanos devem ser interpretadas "conforme" os direitos humanos, mas também os **próprios tratados de direitos humanos** em vigor no Estado devem assim ser interpretados.

Importante

Exemplos ilustrativos para compreender a aplicação da técnica interpretativa necessária para adequar o direito interno à norma internacional de direitos humanos podem ser encontrados em alguns dispositivos da Constituição brasileira de 1988 que se referem às "pessoas portadoras de deficiência", o que não está correto, tendo em vista que a Convenção da ONU sobre os Direitos das Pessoas com Deficiência (2007) emprega a melhor expressão "pessoas *com* deficiência". Assim, tendo a Convenção da ONU entrado em vigor no Brasil (2009) com "equivalência de emenda constitucional", tem-se como certo que, a partir desse momento, há de se fazer a interpretação "conforme" a Convenção da ONU e assim atualizar a antiga expressão nacional "pessoas *portadoras* de deficiência" para "pessoas *com* deficiência", que é universalmente aceita, por revelar mais precisamente a condição dessa categoria de pessoas.

EM RESUMO:

Conceito	A proteção jurídica dos direitos das pessoas pode provir da **ordem interna (estatal)** ou **da ordem internacional (sociedade internacional)**. No primeiro caso, está-se diante da proteção de um **direito fundamental** da pessoa; no segundo, está-se perante a proteção de um **direito humano** dela, cuja violação pelo Estado pode provocar o instituto da responsabilidade internacional. A proteção dos direitos humanos é garantida independentemente da nacionalidade da vítima.
Terminologia	Direitos do Homem: direitos naturais, não expressamente previstos no direito interno ou no direito internacional. Direitos Fundamentais: direitos previstos nos textos constitucionais. Direitos Humanos: direitos previstos em normas internacionais.

Amplitude	Os direitos humanos (internacionais) são mais amplos que os direitos fundamentais (internos), podendo ser vindicados por todas as pessoas, indistintamente. Os direitos fundamentais não podem ser reclamados por todos, pois sofrem limitações em razão dos interesses do Estado (a exemplo do direito de voto).
Fundamento e conteúdo	Os direitos humanos têm por fundamento três princípios basilares: inviolabilidade da pessoa, autonomia da pessoa e dignidade da pessoa. Os direitos humanos são **indivisíveis** e **complementares** uns dos outros.
Características	As características dos direitos humanos podem ser divididas em **historicidade** (se constroem com o decorrer do tempo), **universalidade** (todas as pessoas são titulares dos direitos humanos), **transnacionalidade** (devem ser protegidos independentemente do país ou território em que as pessoas se encontrem), **essencialidade** (são essenciais por sua natureza), **irrenunciabilidade** (não podem ser renunciados ou limitados), **inalienabilidade** (não podem ser transferidos ou cedidos), **inexauribilidade** (não se esgotam neles mesmos), **imprescritibilidade** (podem ser reclamados a qualquer tempo) e **vedação do retrocesso** (se uma norma posterior revoga ou anula uma norma anterior mais benéfica, essa norma posterior é inválida).

Gramática dos direitos humanos	A estrutura dos direitos humanos abrange o sistema global e os sistemas regionais de proteção e sua normatividade, da qual derivam os mecanismos específicos de proteção dos direitos humanos, tanto convencionais como não convencionais.
Interpretação conforme os direitos humanos	Todas as normas presentes em um determinado Estado, sejam elas internas ou internacionais, devem ser interpretadas de conformidade com os direitos humanos internacionalmente reconhecidos e em vigor no Estado. De acordo com o princípio *pro homine* ou *pro persona*, o intérprete deve sempre aplicar a **norma mais favorável** à pessoa, a fim de encontrar a solução **mais protetiva** ao sujeito de direitos em um dado caso concreto. A interpretação conforme os direitos humanos deve seguir, prioritariamente, o entendimento da jurisprudência dos tribunais internacionais, que vinculam diretamente as partes (***res judicata***) e valem também para os demais Estados-partes da Convenção respectiva (***res interpretata***). Por exemplo, a interpretação que faz a Corte Interamericana relativamente a um determinado direito previsto na Convenção Americana sobre Direitos Humanos tem valor jurídico para todos os Estados-partes do Pacto de San José, devendo ser por eles fielmente seguida.

Capítulo 2

Gerações de Direitos Humanos

1. INTRODUÇÃO

Os direitos humanos têm sido normalmente divididos em "gerações" ou "categorias", com fundamento no percurso histórico que inspirou a sua criação. É verdade que, no decorrer dos tempos, os direitos humanos foram alterando suas características e atingindo cada vez mais pessoas ou grupos de pessoas que, em momento anterior, não eram destinatários de direitos.

No entanto, alguns autores também se referem às *dimensões* de direitos humanos, partindo da premissa de que a expressão *gerações* poderia induzir à ideia de que uma categoria de direitos substitui a outra que lhe é anterior. De fato, não há substituição de uma categoria de direitos por outra, senão um somatório de todos esses direitos com a finalidade de melhor proteger o ser humano sujeito de direitos. Não obstante, ainda hoje se faz referência às tais "gerações" de direitos humanos, tanto na doutrina como na jurisprudência.

2. INSPIRAÇÃO DA REVOLUÇÃO FRANCESA

A proposta de triangulação dos direitos humanos em "gerações" é atribuída ao jurista Karel Vasak, que a apresentou em conferência ministrada no Instituto Internacional de Direitos Humanos (Estrasburgo) em 1979, inspirado no lema da Revolução Francesa: Liberdade, Igualdade, Fraternidade.

Assim, os direitos de **liberdade** seriam os da **primeira geração**; os da **igualdade**, os de **segunda geração**; e os da **fraternidade**, os de **terceira geração**. Além das três gerações inicialmente concebidas por Karel Vasak, existem atualmente os direitos de **quarta e quinta gerações**, explicados por Paulo Bonavides (2000, p. 516-525).

2.1. Primeira geração (liberdade)

Os **direitos da primeira geração** são os **direitos de liberdade**, sendo os primeiros a constarem dos textos normativos constitucionais. Tratam-se dos **direitos civis e políticos**, que têm por titular o indivíduo, sendo, portanto, oponíveis ao Estado. Eles se ligam ao discurso liberal da cidadania e, por consequência, afastam o controle repressivo do Estado para a sua concretização. Como exemplos, podem ser citados os direitos à vida, à liberdade, à igualdade, à propriedade, ao nome, à nacionalidade, dentre outros.

2.2. Segunda geração (igualdade)

Os **direitos da segunda geração** são os **direitos da igualdade** e compõem-se pelos **direitos econômicos, sociais e culturais**. Constituíram-se a partir do início do século XX. Tais direitos foram categorizados de **direitos programáticos**, em virtude de não conterem para a sua concretização as garantias conferidas pelos instrumentos processuais de proteção aos direitos de

Cap. 2 – Gerações de Direitos Humanos

primeira geração. Destaque-se, no entanto, que a Constituição Federal de 1988 formulou o preceito da aplicabilidade imediata dos direitos fundamentais (art. 5.º, § 1.º).

2.3. Terceira geração (fraternidade)

Os **direitos de terceira geração** são os decorrentes do **princípio da fraternidade**, tendo como destinatário toda a humanidade, compondo-se pelos **direitos difusos e coletivos**. Deles fazem parte, entre outros, o direito ao desenvolvimento, ao meio ambiente, à comunicação e ao patrimônio comum da humanidade. Tais direitos não apareceram quando da elaboração da Declaração Universal dos Direitos Humanos de 1948, emergindo no cenário internacional somente a partir da década de 1960.

2.4. Quarta geração (solidariedade)

A **quarta geração de direitos humanos** resulta da **globalização dos direitos fundamentais**, de sua expansão e de sua abertura além-fronteiras. São exemplos dos direitos de quarta geração o direito à democracia, à informação e o direito ao pluralismo. Tais relações podem ser caracterizadas como solidárias por guardarem a característica de ultrapassar fronteiras para globalizar os direitos fundamentais.

2.5. Quinta geração (esperança)

A **quinta geração de direitos humanos** é fundada na concepção da **paz** no âmbito da normatividade jurídica. Segundo Bonavides, a ideia seria trasladar a paz para a esfera da positividade jurídica. O autor critica Vasak, que teria, inicialmente, inserido a paz no âmbito dos direitos de terceira geração (fraternidade) sem desenvolver as razões que a elevam à categoria de norma, motivo pelo qual tal direito caiu em esquecimento.

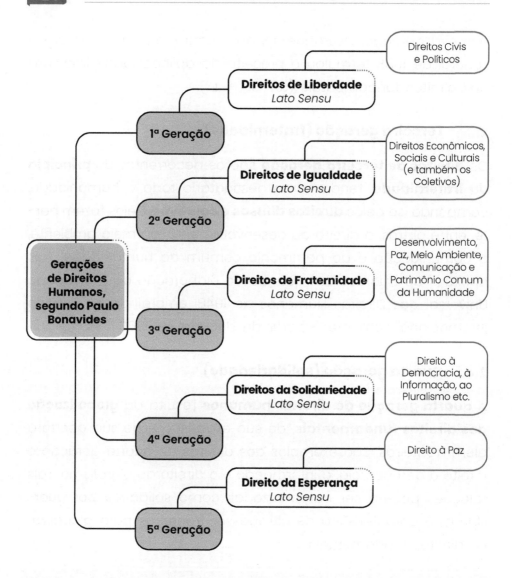

As "gerações" acima referidas têm sido bem compreendidas ao longo dos anos. Nesse sentido, tem-se entendido que os direitos começaram a se desenvolver no plano dos direitos civis e políticos, passando, num segundo momento, para o âmbito dos direitos econômicos, sociais e culturais e, bem assim, dos direitos coletivos ou de coletividades, culminando com a proteção de direitos como o meio ambiente, a comunicação, o patrimônio comum da humanidade etc. A jurisprudência dos

Cap. 2 – Gerações de Direitos Humanos

tribunais nacionais tem se utilizado desse critério geracional em julgamentos relativos, especialmente, aos direitos da segunda e da terceira categorias (*v.* item 3, *infra*).

> ### Importante
>
> 1. Karel Vasak, responsável pela proposta de triangulação dos direitos humanos em "gerações", não chegou a se referir às demais gerações de direitos humanos hoje conhecidas, porque questões como o acesso à informação e ao pluralismo não apareciam, até aquele momento histórico, no centro dos grandes debates doutrinários, muito menos jurisprudenciais, o que só começou a ocorrer no final dos anos 1990.
>
> 2. Até a inserção na Constituição Federal do preceito da aplicabilidade imediata dos direitos fundamentais (art. 5.º, § 1.º) prevalecia a noção de que apenas os direitos da liberdade eram de aplicabilidade imediata, ao passo que os direitos sociais tinham aplicabilidade apenas mediata, por via do legislador.
>
> 3. Os direitos de terceira geração foram fortemente influenciados pela temática ambiental, nascida no mundo a partir da década de 1960. Ainda que estabelecidos na esfera do direito constitucional, no que tange à órbita internacional, apenas recentemente os documentos internacionais começaram a prever alguns desses direitos.

3. AS GERAÇÕES DE DIREITOS NA JURISPRUDÊNCIA DO STF

A jurisprudência do Supremo Tribunal Federal tem admitido, de forma reiterada, a classificação tradicional das "gerações de direitos", reconhecendo, especialmente, a "terceira geração" desses direitos, relativa ao postulado da solidariedade, tanto em suas decisões colegiadas quanto nas monocráticas.

A referência ao "direito de terceira geração" pode ser observada em dois julgamentos em que tal menção vem expressa na **ementa do acórdão**, o que significa que foi objeto de decisão por parte da Suprema Corte, não se tratando de mera opinião retórica do Relator.

No primeiro julgamento, o STF entendeu, na decisão tomada na Medida Cautelar na ADI 3.540/DF, que o direito ao meio ambiente ecologicamente equilibrado é "um típico direito de terceira geração, que assiste a todo o gênero humano" (*vide* STF, ADI 3.540-MC/DF, Tribunal Pleno, Rel. Min. Celso de Mello, j. 01.09.2005, *DJ* 03.02.2006). Por sua vez, na ementa do julgamento da ADI 1.856/RJ, o STF decidiu pela inconstitucionalidade da Lei n. 2.895/1998, do Estado do Rio de Janeiro, que violava o "direito de terceira geração que consagra o postulado da solidariedade", ao favorecer a prática da "briga de galos", configurando conduta atentatória à Constituição da República, "cuja natureza perversa [...] não permite [que] sejam eles qualificados como inocente manifestação cultural, de caráter meramente folclórico" (STF, ADI 1.856/RJ, Tribunal Pleno, Rel. Min. Celso de Mello, j. 26.05.2011, *DJe* 14.10.2011).

As decisões monocráticas no STF demonstram o reconhecimento pelos Ministros da validade jurídica à categorização dos direitos humanos em gerações. Tal foi o caso da decisão proferida pelo Min. Celso de Mello em um caso envolvendo o direito de crianças de até cinco anos de idade ao atendimento em creche municipal. Segundo a decisão do Ministro, o direito à

Cap. 2 – Gerações de Direitos Humanos

educação e o acesso pleno ao sistema educacional fazem parte dos direitos de segunda geração, cujo adimplemento impõe ao poder público a satisfação de um dever de prestação positiva (*vide* STF, RE 956.475/RJ, Decisão Monocrática, Rel. Min. Celso de Mello, j. 12.05.2016, *DJe* 17.05.2016).

4. CRÍTICAS AO SISTEMA GERACIONAL

Apesar de sua tradicionalidade, a classificação das "gerações" de direitos humanos tem sido objeto de inúmeras críticas. A mais contundente se apoia no fato de que, se as gerações de direitos induzem à ideia de que uma categoria de direitos sucede à outra que se finda, a realidade histórica aponta inversamente, para a **concomitância do surgimento de vários textos jurídicos** concernentes a direitos humanos de uma ou outra natureza. No plano internacional, o surgimento da Organização Internacional do Trabalho, em 1919, propiciou a elaboração de diversas convenções regulamentando os direitos sociais dos trabalhadores, antes mesmo da internacionalização dos direitos civis e políticos.

O **entendimento contemporâneo** se dá no sentido de afastar a visão fragmentária e hierarquizada das diversas categorias de direitos humanos, uma vez que tais direitos não se "sucedem" uns aos outros, mas, ao contrário, cumulam-se constantemente em fortalecimento à proteção dos direitos das pessoas. Portanto, o que ocorre não é a **sucessão** de uma geração pela outra, senão a **junção** de uma nova dimensão de direitos humanos à outra já existente.

Embora as gerações de direitos induzam à ideia de que uma categoria de direitos sucede à outra que se finda, a realidade histórica demonstra, diferentemente, que há uma concomitância na criação desses direitos, por meio do surgimento de vários textos jurídicos concernentes a direitos humanos de uma ou outra natureza.

EM RESUMO:

Introdução	Os direitos humanos são normalmente divididos em **"gerações"**. Alguns autores também se referem às **dimensões** de direitos humanos, entendendo tratar-se de expressão mais correta.
Inspiração da Revolução Francesa	A proposta de triangulação dos direitos humanos em "gerações" é atribuída a **Karel Vasak**, inspirado no lema da Revolução Francesa: Liberdade, Igualdade, Fraternidade.
Primeira geração (liberdade)	São os **direitos de liberdade**, representados pelos **direitos civis e políticos**, que têm por titular o indivíduo, sendo oponíveis ao Estado. São os primeiros a constarem dos textos normativos constitucionais.
Segunda geração (igualdade)	São os **direitos de igualdade**, representados pelos **direitos econômicos, sociais e culturais.**
Terceira geração (fraternidade)	São os direitos decorrentes do **princípio da fraternidade**, compondo-se pelos **direitos difusos e coletivos** e tendo como destinatário toda a humanidade (direito ao desenvolvimento, ao meio ambiente etc.).
Quarta geração (solidariedade)	São os direitos resultantes da **globalização dos direitos fundamentais** (direito à democracia, à informação, ao pluralismo etc.).

Quinta geração (esperança)	São os direitos fundados na concepção da **paz** no âmbito da normatividade jurídica (direito à paz).
As gerações de direitos na jurisprudência do STF	A jurisprudência do STF tem reconhecido a classificação tradicional das "gerações de direitos", tanto em suas decisões colegiadas quanto em decisões monocráticas.
Críticas ao sistema geracional	Segundo a "concepção contemporânea", não é exato falar em "gerações" de direitos humanos, pois tais direitos **não se "sucedem"** uns aos outros, mas **cumulam-se** constantemente.

Capítulo 3

Direito Internacional dos Direitos Humanos

1. GÊNESE E EMERGÊNCIA DO DIREITO INTERNACIONAL DOS DIREITOS HUMANOS

Os direitos humanos têm constituído um dos **temas centrais da agenda internacional contemporânea** desde o final da Segunda Guerra Mundial, em decorrência dos horrores e arbitrariedades cometidos nesse período pelo Holocausto nazista (1939-1945). Sem dúvida, os direitos humanos, tais como hoje concebidos, representam uma **reação da sociedade internacional** às barbáries perpetradas desde aquele momento histórico. A isso se acrescenta, no atual contexto, o fenômeno da globalização e o consequente estreitamento das relações internacionais, principalmente em face do assustador alargamento dos meios de comunicação e do crescimento vertiginoso do comércio internacional.

A normativa internacional de proteção dos direitos humanos é fruto de um lento e gradual processo de internacionalização e universalização desses direitos, iniciado antes da Segunda Guerra Mundial. De fato, entende-se que o chamado Direito Internacional dos Direitos Humanos – que é a **fonte da moderna sistemática**

internacional de proteção de direitos – tem como primeiros e mais remotos antecedentes os **tratados de paz de Westfália de 1648**, que colocaram fim à Guerra dos Trinta Anos e fomentaram o nascimento do contemporâneo direito internacional público.

No entanto, pode-se dizer que os precedentes históricos mais *concretos* do atual sistema internacional de proteção dos direitos humanos são: (*a*) o **Direito Humanitário;** (*b*) a **Liga das Nações;** e (*c*) a **Organização Internacional do Trabalho**. Tais precedentes situam-se como os marcos mais importantes da formação do que hoje se conhece por **arquitetura internacional dos direitos humanos**. Graças a eles foi criado o "sistema onusiano" de proteção dos direitos humanos, instituído a partir da Carta das Nações Unidas de 1945, que é considerado o instrumento formativo do processo de expansão dos direitos humanos até os dias atuais.

Esses precedentes registram o fim de uma época em que o direito internacional restava afeto à regulamentação das relações estritamente estatais, **rompendo com o conceito de soberania estatal absoluta** (que concebia o Estado como ente de poderes ilimitados, tanto interna como internacionalmente) e admitindo intervenções externas no plano nacional para assegurar a proteção dos direitos humanos de todos, sem distinção de raça, sexo, língua ou religião. Essa nova concepção afasta, de uma vez por todas, o conceito de soberania estatal absoluta, que, na sua acepção tradicional, considerava os Estados como **únicos sujeitos** reconhecidos do direito internacional público.

Nesse cenário, começaram a surgir os primeiros contornos do chamado Direito Internacional dos Direitos Humanos, desde o afastamento da ideia de soberania absoluta dos Estados em seus domínios reservados, bem como do momento em que se atribui aos indivíduos a condição de **sujeitos do direito internacional público**, assegurando-lhes mecanismos processuais efi-

Cap. 3 – Direito Internacional dos Direitos Humanos

cientes para a salvaguarda dos seus direitos internacionalmente protegidos.

Em suma, o Direito Internacional dos Direitos Humanos é o ramo do direito destinado à proteção de todos os indivíduos contra violações a direitos seus, qualquer que seja a sua nacionalidade e independentemente do lugar onde se encontrem. Trata-se da disciplina que estuda o **conjunto das normas internacionais** de proteção (tratados, declarações e costumes) e os **sistemas** (global ou regionais) do qual fazem parte, com especial enfoque à análise dos mecanismos de **controle e monitoramento** da proteção e garantia desses direitos.

2. ESTRUTURA NORMATIVA DO SISTEMA INTERNACIONAL DE PROTEÇÃO

A estrutura normativa do sistema internacional de proteção dos direitos humanos apresenta instrumentos de caráter **global**, que pertencem ao sistema de proteção das Nações Unidas (ONU) e de caráter **regional**, que pertencem a um dos três sistemas regionais hoje existentes: europeu, interamericano ou africano.

Com referência ao Brasil, tem-se a aplicação dos instrumentos **globais** e daqueles pertencentes ao **sistema regional interamericano** de direitos humanos. Por outro lado, tomando-se como referência um país europeu, tem-se a aplicação dos instrumentos **globais** e daqueles pertencentes ao **sistema regional europeu** de direitos humanos. O mesmo ocorre com os Estados africanos, que contam com os instrumentos **globais** e com os relativos ao **sistema africano** de direitos humanos.

Os instrumentos internacionais de proteção dos direitos humanos (especialmente tratados e declarações internacionais) tiveram maior desenvolvimento após a Segunda Guerra Mundial, notadamente com o nascimento da ONU e seus órgãos e mecanismos de monitoramento. A partir de 1945, o direito internacional passa a conhecer inúmeros tratados e convenções específicos de proteção dos direitos humanos, que serviram de espelho para a conclusão de instrumentos congêneres no âmbito dos sistemas regionais.

Cabe conhecer o sistema global (onusiano) de proteção dos direitos humanos e os sistemas regionais (europeu, interamericano e africano) de proteção desses mesmos direitos.

2.1. Sistema global

A partir da emergência do Direito Internacional dos Direitos Humanos, surge no âmbito da ONU um **sistema global** de proteção dos direitos humanos, tanto de **caráter geral** (a exemplo da Declaração Universal dos Direitos Humanos, do Pacto Internacional sobre Direitos Civis e Políticos e do Pacto Internacional dos Direitos Econômicos, Sociais e Culturais) como de **caráter específico** (produção de convenções internacionais de combate à tortura, à discriminação racial, à discriminação contra as mulheres, de proteção das pessoas com deficiência etc.).

Desde então, os Estados passaram a obrigar-se **por meio de tratados** para com a proteção jurídica desses direitos e o ser humano passou a ser um **sujeito de direito internacional público** expressamente reconhecido, categoria até então reservada somente aos Estados e às organizações internacionais. O direito internacional começou a versar a proteção internacional dos direitos humanos contra atividades dos próprios Estados, que passaram a ser internacionalmente condenados por violações de variadas índoles aos direitos humanos.

A ONU e seus mecanismos de monitoramento (Comitês etc.) passaram a atuar cada vez mais em Estados faltosos com os seus compromissos internacionais relativos aos direitos humanos, especialmente no que tange aos mecanismos não convencionais de proteção. Também, no tocante aos mecanismos convencionais, restou cada vez mais patente a obrigação dos Estados que ratificaram os tratados respectivos de fazer cumprir os seus mandamentos no direito interno, sob pena de responsabilização internacional.

A Carta das Nações Unidas (1945), junto à Declaração Universal dos Direitos Humanos (1948) e os Pactos Internacionais sobre Direitos Civis e Políticos e sobre Direitos Econômicos, Sociais e Culturais (ambos de 1966), junto aos seus Protocolos Facultativos, forma o que se convencionou chamar de **International Bill of Human Rights** ou **Carta Internacional dos Direitos Humanos**.

Vários são os tratados internacionais concluídos desde 1945 que ampliaram o mosaico onusiano de proteção dos direitos humanos, tal como a Convenção para a Prevenção e a Repressão do Crime de Genocídio (1948), a Convenção Internacional sobre a Eliminação de Todas as Formas de Discriminação Racial (1965), a Convenção sobre a Eliminação de Todas as Formas de Discriminação contra as Mulheres (1979), a Convenção sobre os Direitos da Criança (1989) e a Convenção sobre os Direitos das Pessoas com Deficiência (2006), entre tantas outras.

2.2. Sistemas regionais

Os sistemas regionais existentes e operativos no cenário internacional são o **europeu**, o **interamericano** e o **africano**. O Brasil é um Estado-parte do sistema interamericano de direitos humanos, pois é membro da Organização dos Estados Americanos (OEA) e parte da Convenção Americana sobre Direitos Humanos de 1969. Da mesma forma que ocorre com o sistema de proteção global, aqui também existem instrumentos de **alcance geral** e de **alcance específico**.

O primeiro sistema regional de proteção a iniciar suas atividades foi o europeu, que apresenta maior nível de desenvolvimento até hoje. Por sua vez, o sistema cujo desenvolvimento pode ser considerado "intermediário" é o interamericano, do qual faz parte o Brasil. O sistema mais incipiente é o africano, por ser o mais recente a ter sido criado.

A experiência interamericana tem demonstrado que as questões submetidas à Corte Interamericana pela Comissão Interamericana são de grande expressão regional, capazes de consolidar um padrão protetivo comum aos Estados-partes da Convenção Americana sobre Direitos Humanos. O sistema ainda mais incipiente é o africano de direitos humanos, cuja Corte respectiva poucos casos julgou até o momento.

Não há um sistema de proteção dos direitos humanos no Mundo Árabe e, tampouco, na Ásia. No que tange ao Mundo Árabe, ainda que algumas iniciativas tenham sido tomadas a esse respeito e já exista uma *Carta Árabe dos Direitos Humanos* (de 2004, em vigor desde 2008) que se afirma como o primeiro instrumento multilateral de matriz islâmica sobre o tema, o certo é que, sem a existência de uma **Comissão** e de uma **Corte** específica, não há que se falar em um *sistema* **regional** de proteção propriamente dito naquele espaço geográfico.

2.3. Coexistência dos sistemas

Os sistemas de proteção global e os regionais devem ser entendidos como **coexistentes** e **complementares** uns dos outros, uma vez que direitos idênticos são protegidos por vários desses sistemas ao mesmo tempo, cabendo ao indivíduo escolher qual o sistema **mais favorável** que deseja utilizar para vindicar seus direitos violados.

Cap. 3 – Direito Internacional dos Direitos Humanos

Assim, a falta de solução para um caso concreto em um sistema regional não impede a vítima de se dirigir às Nações Unidas para vindicar o mesmo direito, previsto em tratado pertencente ao sistema global, o que também é válido em sentido contrário. Nesse caso, para que a vítima possa buscar a solução no sistema regional que corresponde à jurisdição em que a violação de direitos humanos ocorreu, é necessário que o Estado em causa tenha ratificado a Convenção correspondente (por exemplo, a Convenção Americana sobre Direitos Humanos) e aceitado a jurisdição contenciosa da Corte respectiva, para o fim de permitir ao tribunal internacional condenar o Estado faltoso e indenizar a vítima ou seus familiares, se for o caso.

Tanto o sistema global como os sistemas regionais de proteção têm entre si uma característica primordial, que é a capacidade de **extrair valores e compatibilizar ideias provenientes de fontes de produção diferentes** para salvaguarda da pessoa humana. Essa confluência de valores, que muitas vezes coloca a pessoa no centro de vários interesses aparentemente díspares, pode gerar antinomias, que devem ser solucionadas pelo operador do direito para melhor salvaguardar os interesses dos seres humanos protegidos.

> **Importante**
>
> 1. A vítima é livre para escolher qual o sistema mais favorável que deseja utilizar para vindicar seus direitos violados. A falta de solução para um caso concreto em um sistema regional não impede a vítima de se dirigir às Nações Unidas para vindicar o mesmo direito, sendo a recíproca verdadeira.
>
> 2. Para que a vítima possa pleitear seu direito em um sistema regional, alguns critérios cumulativos devem ser obser-

vados: a violação de direitos humanos deve ter ocorrido na jurisdição abarcada pelo sistema escolhido; o Estado deve ter ratificado a Convenção respectiva; e deve ter aceitado a jurisdição contenciosa da Corte para que o tribunal respectivo condene o Estado faltoso e a indenize, se for o caso.

3. CORTE INTERNACIONAL DE JUSTIÇA E PROTEÇÃO DOS DIREITOS HUMANOS

No âmbito do sistema das Nações Unidas tem chamado a atenção o papel da Corte Internacional de Justiça (CIJ), principal órgão judicial da ONU, cujo Estatuto vem anexo à Carta da Organização.

Apesar de a Corte Internacional de Justiça decidir controvérsias jurídicas apenas entre **Estados**, o que se percebe é que, com o passar dos anos, a CIJ tem cada vez mais se aproximado da **proteção da pessoa** em suas decisões, pouco a pouco reconhecendo que os indivíduos têm direitos imediatos garantidos por tratados internacionais e que os Estados devem levar em conta esses direitos quando aplicam ou interpretam quaisquer normas internacionais de que são partes.

A mudança de postura no posicionamento da CIJ de tribunal centrado em Estados para uma **corte aberta à proteção dos direitos humanos** pode ser observada por meio de alguns casos em que a Corte reconheceu em tratados internacionais clássicos disposições que seriam **diretamente aplicáveis aos indivíduos**, como o direito de acesso ao Consulado do país de origem, bem como a violação pelo Estado dos direitos de pessoas, por meio da análise de dispositivos de tratados de direitos humanos.

Cap. 3 – Direito Internacional dos Direitos Humanos

Importante

1) A Corte Internacional de Justiça (CIJ) decide apenas controvérsias jurídicas entre Estados, contrariamente ao Tribunal Penal Internacional, que julga apenas pessoas físicas. Os indivíduos e as organizações internacionais não podem ser autores nem réus de qualquer ação contra um Estado ou patrocinada por um Estado perante a CIJ, conforme o art. 34, § 1.º, do Estatuto da CIJ.

2) Apesar de as organizações internacionais não terem legitimidade ativa ou passiva perante a Corte Internacional de Justiça, elas têm direito de solicitar pareceres consultivos à Corte.

Atenção

A Corte Internacional de Justiça (CIJ) é o principal órgão judiciário da ONU e é regida por Estatuto próprio, que é parte anexa à Carta das Nações Unidas de 1945.

Importante

A mudança de postura no posicionamento da Corte Internacional de Justiça de tribunal centrado em Estados para uma corte já aberta à proteção dos direitos humanos pode ser observada em alguns julgamentos da Corte, como no caso *LaGrand*, relativo à execução de dois nacionais alemães no estado do Arizona, em que a CIJ reconheceu que a Convenção de Viena sobre Relações Diplomáticas de 1961 possuía disposições diretamente aplicáveis aos indivíduos, como o direito de acesso ao Consulado do país de origem, bem assim que os Estados Unidos falharam ao não observar tais direitos aos estrangeiros em seu território (*vide* LaGrand Case (Germany Vs. United States of America), *ICJ Reports 466*, §§ 75-76, 2001). Já no caso *Ahmadou Sadio Diallo*, a CIJ reconheceu a proteção diplomática como incluída entre desenvolvimentos recentes no direito internacional relativos a direitos dos indivíduos. O caso tratava da prisão e expulsão de estrangeiro sem assistência consular, em que a CIJ condenou a República Democrática do Congo por violar "direitos pessoais" e direitos de acionistas (como expropriação de bens e valores mobiliários) de cidadão da República da Guiné, em afronta às garantias previstas no Pacto Internacional dos Direitos Civis e Políticos (1966) e na Carta Africana dos Direitos Humanos e dos Povos (1981) (*vide* Case Concerning Ahmadou Sadio Diallo (Guinea Vs. Republic Democratic of Congo), Preliminary Objections, *ICJ Reports 582*, § 39, 2007).

EM RESUMO:

Estrutura normativa do sistema internacional de proteção	A estrutura normativa do sistema internacional de proteção dos direitos humanos apresenta instrumentos de caráter **global** e **regional**.

Sistema global	O sistema global de proteção dos direitos humanos tem a ONU como o ator central da produção de normas, que podem ter **caráter geral** ou **específico**. Os Estados passaram a obrigar-se por meio de tratados para com a proteção jurídica desses direitos e o ser humano passou a ser um **sujeito do direito internacional público**. Os Estados passaram a ser responsáveis juridicamente em caso de violação de direitos humanos.
Sistemas regionais	Os sistemas regionais existentes e operativos no cenário internacional são o europeu, o interamericano e o africano, sendo Brasil um Estado-parte do sistema interamericano por meio da ratificação da Convenção Americana sobre Direitos Humanos de 1969.
Coexistência dos sistemas	Os **sistemas de proteção global e os regionais** são **coexistentes e complementares** uns dos outros, já que direitos idênticos são protegidos por estes sistemas ao mesmo tempo. Cabe ao indivíduo escolher qual o sistema **mais favorável** que deseja utilizar para vindicar seus direitos violados.
Corte Internacional de Justiça e proteção dos direitos humanos	A Corte Internacional de Justiça tem cada vez mais se aproximado da proteção dos direitos humanos em suas decisões, reconhecendo em tratados internacionais clássicos disposições **diretamente aplicáveis aos indivíduos**.

Capítulo 4

Sistema Global de Proteção dos Direitos Humanos

1. SISTEMAS INTERNACIONAIS DE PROTEÇÃO

Já se compreendeu que a proteção internacional dos direitos humanos está estruturada em sistemas próprios e bem definidos, que **coexistem** e são **complementares** uns dos outros, compostos de instrumentos de caráter **global** e **regional**.

O sistema global de proteção dos direitos humanos é também chamado de "sistema onusiano" ou sistema da Organização das Nações Unidas (ONU). Sua conformação abrange, além da Carta da ONU de 1945, três outros importantes instrumentos internacionais, que serão estudados nos capítulos subsequentes: a Declaração Universal dos Direitos Humanos de 1948 (Capítulo 5) e os dois Pactos de Nova York de 1966, com os seus Protocolos Facultativos (Capítulos 6 e 7).

Agora, caberá compreender quais foram as preocupações trazidas pela Carta da ONU de 1945 no que tange à proteção internacional dos direitos humanos e qual a interpretação escorreita do princípio da não ingerência em assuntos internos previsto pela mesma Carta.

2. A CARTA DA ONU E A PROMOÇÃO DOS DIREITOS HUMANOS

O Direito Internacional dos Direitos Humanos começou a se desenvolver e efetivar como **ramo autônomo** do direito internacional público a partir de 1945, com a adoção da Carta das Nações Unidas, no segundo pós-Guerra.

A Carta da ONU de 1945 inaugura um novo modelo de conduta nas relações internacionais, contribuindo para o processo de **afirmação dos direitos humanos** e para o reconhecimento nos Estados do mosaico protetivo desses mesmos direitos a partir de então estabelecidos. Também, desde a proclamação da Carta das nações Unidas de 1945, várias preocupações internacionais vieram à tona, como questões relativas à manutenção da paz e da segurança internacionais; às relações amistosas entre Estados; à cooperação no âmbito econômico, social e cultural; bem como as ligadas à proteção internacional do meio ambiente, do trabalho e da salvaguarda da saúde humana.

Nesse cenário, os **problemas internos** dos Estados e suas relações com os seus cidadãos passam a fazer parte de um **contexto global** de proteção, possuindo os Estados-membros das Nações Unidas o dever de promover e proteger todos os direitos humanos minimamente reconhecidos, independentemente de seus sistemas políticos, econômicos e culturais e sem distinção de raça, sexo, língua ou religião.

A Carta da ONU firmou o propósito universal de proteção dos direitos humanos e liberdades fundamentais e, a partir do seu surgimento, encorajou os Estados a tornarem-se partícipes desse processo de emancipação protetiva em nível global. Muitos Estados, a contar daquele momento histórico, acabaram por incluir em suas Constituições normas similares ou idênticas àquelas advindas da ordem internacional relativa a direitos hu-

Cap. 4 – Sistema Global de Proteção dos Direitos Humanos

manos, conferindo, também, primazia aos tratados de direitos humanos sobre as normas do direito interno.

Na Carta da ONU, há referência expressa aos "direitos humanos e liberdades fundamentais" em vários dispositivos, demonstrando a intenção das Nações Unidas de reforçar, em nível global, que a proteção desses direitos guarda um sublime propósito no seio da Organização, devendo os Estados-partes, em consequência, comportar-se de acordo com esse entendimento.

> **Você precisa ler**
>
> Os dispositivos da Carta da ONU que se referem expressamente à proteção dos direitos humanos e liberdades fundamentais são os seguintes:
>
> - "Art. 1.º Os propósitos das Nações Unidas são: (...) 3. Conseguir uma **cooperação internacional** para resolver os problemas internacionais de caráter econômico, social, cultural ou humanitário, e para promover e estimular o respeito aos direitos humanos e às liberdades fundamentais para todos, sem distinção de raça, sexo, língua ou religião";
>
> - "Art. 13. 1. A Assembleia Geral iniciará estudos e fará recomendações, destinados a: (...) b) promover cooperação internacional nos terrenos econômico, social, cultural, educacional e sanitário, e favorecer o pleno gozo dos **direitos humanos e das liberdades fundamentais**, por parte de todos os povos, **sem distinção de raça, língua ou religião**";
>
> - "Art. 55. Com o fim de criar condições de estabilidade e bem-estar, necessárias às **relações pacíficas e amistosas entre as Nações**, baseadas no respeito ao princípio da igualdade de direitos e da **autodeterminação dos povos**, as Nações Unidas favorecerão: (...) c) o respeito universal

e efetivo dos direitos humanos e das liberdades fundamentais para todos, sem distinção de raça, sexo, língua ou religião";

- "Art. 56. Para a realização dos propósitos enumerados no art. 55, todos os membros da Organização se comprometem a agir em cooperação com esta, em conjunto ou separadamente";

- "Art. 62. (...) 2. Poderá igualmente **fazer recomendações** destinadas a promover o respeito e a observância dos direitos humanos e das liberdades fundamentais para todos";

- "Art. 68. O Conselho Econômico e Social criará comissões para os **assuntos econômicos e sociais** e a **proteção dos direitos humanos** assim como outras comissões que forem necessárias para o desempenho de suas funções";

- "Art. 76. Os objetivos básicos do sistema de tutela, de acordo com os Propósitos das Nações Unidas enumerados no art. 1.º da presente Carta, são: (...) c) estimular o respeito aos direitos humanos e às liberdades fundamentais para todos, sem distinção de raça, sexo, língua ou religião, e favorecer o reconhecimento da **interdependência de todos os povos**".

3. DIREITOS HUMANOS E RESERVA DE JURISDIÇÃO INTERNA: O ART. 2.º, § 7.º, DA CARTA DA ONU

A Carta da ONU prevê o **princípio da não ingerência (ou não intervenção) em assuntos internos**, que impede a intromissão da ONU em assuntos internos dos Estados, com a finalidade de impossibilitar que os Estados com maior poder militar, político e econômico subjuguem os Estados mais fracos e a eles imponham sua autoridade a qualquer custo. Daí a necessidade de

Cap. 4 – Sistema Global de Proteção dos Direitos Humanos

impedir, inclusive às Nações Unidas, de intervirem nos assuntos domésticos de outros Estados quando tais assuntos dependam essencialmente de sua jurisdição interna.

A não intervenção é sempre a **regra** na Carta da ONU e a intervenção, a exceção, segundo comando expresso em seu art. 2.º, § 7.º:

> Nenhum dispositivo da presente Carta autorizará as Nações Unidas a intervirem em assuntos que dependam **essencialmente** da jurisdição interna de qualquer Estado ou obrigará os membros a submeterem tais assuntos a uma solução, nos termos da presente Carta; este princípio, porém, não prejudicará a aplicação das medidas coercitivas constantes do Capítulo VII.

Muitos Estados têm se utilizado da disposição do art. 2.º, § 7.º, da Carta das Nações Unidas para inviabilizar as tentativas da ONU de restabelecer a paz e a segurança de regiões em conflito, o que tem gerado inúmeros problemas ligados a questões de direitos humanos e humanitárias lato sensu. Daí a necessidade de interpretar corretamente a regra do art. 2.º, § 7.º, da Carta da ONU, a fim de saber qual o seu verdadeiro significado e o seu real alcance.

O impedimento (ou proibição de ingerência) previsto no dispositivo em questão deve estar relacionado a assuntos que dependam **essencialmente** da jurisdição interna de qualquer Estado. Desta forma, problemas que não dependam essencialmente da jurisdição interna de qualquer Estado podem perfeitamente ser resolvidos na ordem internacional, por meio da Assembleia Geral ou do Conselho de Segurança da ONU. Porém, não se encontra em qualquer lugar da Carta uma explicação do que seriam tais assuntos "essencialmente" dependentes da jurisdição interna de um Estado, cabendo à doutrina e à jurisprudência internacional a interpretação da extensão do termo.

A doutrina tem aceitado a orientação de serem essencialmente internas questões como a definição do sistema político ou do sistema de governo adotado, assim como a determinação da ordem econômica, social ou cultural do Estado.

Nesse sentido, pode-se afirmar que as pressões políticas ou econômicas afrontam o art. 2.º, § 7.º, da Carta da ONU quando constituem um ultimatum ao Estado, como no caso relativo às Atividades Militares e Paramilitares na Nicarágua julgado pela Corte Internacional de Justiça em 1986, tendo o tribunal entendido que o uso da força constitui fundamento da intervenção ilícita no Estado. Por outro lado, a jurisprudência internacional tem assentado não serem essencialmente internos todos os assuntos versados por tratados entre Estados, quer bilaterais ou multilaterais.

Por vezes, porém, a solução de um litígio interno pode ser assunto cuja competência esteja mais ligada à ordem internacional que à ordem jurídica interna, principalmente em questão de proteção dos direitos humanos. Os direitos humanos e liberdades fundamentais e, ainda, outros assuntos tipicamente nacionais, como os relativos à imigração, nacionalidade, trabalho e armamentos, **não são assuntos essencialmente internos dos Estados**, ou que dependam "essencialmente" de sua jurisdição interna, mas sim assuntos de legítimo interesse internacional. Tal interesse internacional se faz mais ainda presente quando o Estado em causa é parte de tratados internacionais de proteção dos direitos humanos. Questões relativas ao princípio da não discriminação racial também têm sido qualificadas como de legítimo interesse internacional, ainda que sem referência ex-

Cap. 4 – Sistema Global de Proteção dos Direitos Humanos

pressa a qualquer ameaça à paz e à segurança internacionais, segundo Ian Brownlie (1997, p. 316).

Em suma, havendo conflito entre as ordens interna e internacional, a competência é fixada pelo direito internacional público, em razão de sua primazia sobre o Direito interno estatal.

> **Importante**
>
> 1. A obrigação de não ingerência também aparece nos estatutos constitutivos de várias organizações internacionais regionais, a exemplo do art. 19 da Carta da Organização dos Estados Americanos, segundo a qual nenhum Estado ou grupo de Estados "tem o direito de intervir, direta ou indiretamente, seja qual for o motivo, nos assuntos internos ou externos de qualquer outro", complementando que esse princípio "exclui não somente a força armada, mas também qualquer outra forma de interferência ou de tendência atentatória à personalidade do Estado e dos elementos políticos, econômicos e culturais que o constituem".
>
> 2. Quando do descumprimento de uma recomendação ou de uma resolução do Conselho de Segurança da ONU pelos Estados, muitos deles se utilizam do **princípio da não intervenção** para legitimar o seu não cumprimento, principalmente quando tal descumprimento não configura um **ato ilícito internacional**, que somente se faria presente em caso de descumprimento de uma sentença judicial ou de um laudo arbitral.
>
> 3. Na questão da **Interpretação dos Tratados de Paz com a Hungria, a Bulgária e a Romênia**, a alegação do governo dos Estados Unidos foi a de que "entre as partes os assuntos expressamente versados pelos tratados internacionais

não se podem considerar assuntos de jurisdição e relevância doméstica (...). Ao tornarem-se parte num tratado, os Estados assumem obrigações que limitam o que seria o seu direito soberano de decidir por si próprios". (V. ICJ Reports, p. 5-78, 1950).

4. O impedimento (ou proibição de ingerência) previsto no art. 2.º, § 7.º, da Carta da ONU deve estar relacionado a assuntos que dependam **essencialmente** da jurisdição interna de qualquer Estado. Porém, se os assuntos forem trazidos em tratados entre Estados, quer bilaterais ou multilaterais, não serão considerados essencialmente internos.

5. O princípio da não intervenção não pode impedir a proteção dos direitos humanos nos planos interno e internacional. Logo, havendo conflito entre as ordens interna e internacional, a competência é fixada pelo direito internacional público.

EM RESUMO:

A Carta da ONU e a promoção dos direitos humanos	O Direito Internacional dos Direitos Humanos se efetivou como **ramo autônomo** do direito internacional público a partir de 1945 e os problemas internos dos Estados e suas relações com os seus cidadãos passaram a fazer parte de um contexto global de proteção.
Direitos humanos e reserva de jurisdição interna: o art. 2.º, § 7.º, da Carta da ONU	O **princípio da não intervenção** traduz-se no impedimento de intromissão da ONU em assuntos que dependam **essencialmente** da jurisdição interna dos Estados.

Direitos humanos e reserva de jurisdição interna: o art. 2.º, § 7.º, da Carta da ONU	A Carta da ONU não define os assuntos "essencialmente" dependentes da jurisdição interna de um Estado. A doutrina tem aceitado a orientação de serem essencialmente internas questões como a definição do sistema político ou do sistema de governo adotado, assim como a determinação da ordem econômica, social ou cultural do Estado. A jurisprudência internacional tem entendido não serem essencialmente internos todos os assuntos versados por tratados entre Estados, quer bilaterais ou multilaterais. Havendo conflito entre as ordens interna e internacional, a competência é fixada pelo direito internacional público.

Capítulo 5

Declaração Universal dos Direitos Humanos

1. INTRODUÇÃO

A Declaração Universal dos Direitos Humanos foi adotada e proclamada em Paris, em 10 de dezembro de 1948, pela Resolução n. 217 A-III, da Assembleia Geral da ONU. Com fundamento na **dignidade da pessoa humana**, teve como uma de suas principais preocupações a positivação internacional dos **direitos mínimos dos seres humanos**, bastando a condição de **ser pessoa** para que se possa vindicar e exigir a proteção desses direitos em qualquer ocasião e em qualquer circunstância.

Trata-se do instrumento considerado o **"marco normativo fundamental"** do sistema protetivo das Nações Unidas, afirmando o papel dos direitos humanos pela primeira vez em escala mundial e fomentando a multiplicação dos tratados relativos a direitos humanos em escala global. Na prática, a Declaração Universal dos Direitos Humanos é o **documento jurídico mais conhecido** de todo o planeta, sendo também o **mais citado** em peças e decisões judiciais em todo o mundo.

A **lógica** da Declaração Universal de 1948 é distinta da lógica do direito internacional público clássico, que não atribuía voz aos povos ou indivíduos, mas somente aos Estados partícipes da sociedade internacional. No direito internacional público tradicional as relações reguladas são apenas as *interestatais*, quer no que tange a Estados individualmente considerados ou à formação de organizações internacionais, sem a possibilidade de ingerência em tais Estados ou organizações com a finalidade de salvaguardar direitos humanos de pessoas ou grupos de pessoas. Contudo, a partir do século XIX, as necessidades de interdependência no relacionamento entre Estados foram propiciando normas de mútua colaboração, reafirmadas posteriormente pela Liga das Nações (1919), Carta das Nações Unidas (1945) e Declaração Universal (1948).

> **Importante**
>
> As referências à Declaração Universal nos preâmbulos de inúmeros tratados internacionais de direitos humanos, tanto do sistema global como dos sistemas regionais de proteção são significativas. Como exemplo, podem ser mencionadas a Convenção Europeia (1950), a Convenção Americana (1969) e a Carta Africana de Direitos Humanos (1981). São encontradas, também, referências à Declaração nas sentenças de tribunais internacionais e internos.

2. ESTRUTURA DA DECLARAÇÃO UNIVERSAL

A Declaração Universal é composta de 30 artigos, precedidos de um Preâmbulo com sete *considerandos*. Possui uma estrutura bipartite, trazendo os **direitos civis e políticos (arts. 3.º a 21)**

Cap. 5 – Declaração Universal dos Direitos Humanos

55

e os **direitos sociais, econômicos e culturais (arts. 22 a 28).** Entretanto, a Declaração não previu qualquer garantia processual ou órgão internacional com competência para zelar pelo cumprimento dos direitos que estabelece. Da mesma forma, a Declaração Universal não versou os chamados direitos de terceira geração ou dimensão, que são os direitos decorrentes do princípio da fraternidade, compostos pelos direitos difusos e coletivos. Isto se deu porque, à época da proclamação da Declaração, tais direitos ainda não haviam emergido no seio da sociedade internacional, razão pela qual não constaram do texto da Declaração.

> **Você precisa ler**
>
> Alguns dos direitos contemplados pela Declaração Universal são:
>
> - art. 1.º: inaugura o rol de direitos deixando expresso que todas as pessoas "nascem livres e iguais em dignidade e direitos";
> - art. 2.º, § 1.º: capacidade para gozar os direitos e as liberdades estabelecidos na Declaração, sem distinção de qualquer espécie, seja de raça, cor, sexo, língua, religião, opinião política ou de outra natureza, origem nacional ou social, riqueza, nascimento, ou qualquer outra condição;
> - art. 3.º: direito à **vida**, à **liberdade** e à **segurança** pessoal;
> - art. 4.º: **proibição da escravidão ou servidão**, em todas as suas formas;
> - art. 5.º: **proibição da tortura**, e tratamento ou castigo cruel, desumano ou degradante;
> - art. 7.º: princípio de que todos são **iguais** perante a lei e têm direito, sem qualquer distinção, a **igual proteção da lei**;

- art. 9.º: **proibição da prisão**, detenção ou exílio arbitrários;
- art. 10: **direito a audiência justa e pública** por parte de um tribunal independente e imparcial;
- art. 11, § 1.º: **presunção de inocência**, até que a culpabilidade tenha sido provada de acordo com a lei, assegurada ao individuo todas as garantias necessárias à sua defesa;
- art. 11, § 2.º: **proibição da culpabilidade** por qualquer ação ou omissão que, no momento, não constituam delito perante o direito nacional ou internacional e de **imposição de pena mais grave** do que aquela que, no momento da prática, era aplicável ao ato delituoso;
- art. 13, §§ 1.º e 2.º: direito de **liberdade de locomoção** e residência dentro das fronteiras de cada Estado e de deixar qualquer país, inclusive o próprio, e a ele regressar;
- art. 14, § 1.º: direito de toda vítima de perseguição de gozar **asilo** em outros países;
- art. 15, §§ 1.º e 2.º: direito à **nacionalidade,** ninguém podendo ser arbitrariamente privado dela, nem do direito de mudar de nacionalidade;
- art. 16, § 1.º: direito de **contrair matrimônio** e fundar uma família;
- art. 16, § 3.º: a **família** tem direito à proteção da sociedade e do Estado;
- art. 17, §§ 1.º e 2.º: direito à **propriedade**;
- art. 18: direito à **liberdade religiosa**;
- art. 22: direito à **segurança social** e à realização dos **direitos econômicos, sociais e culturais** indispensáveis à dignidade da pessoa e ao livre desenvolvimento de sua personalidade;
- art. 23, §§ 1.º a 3.º: direito ao **trabalho**, à livre escolha de emprego, a condições justas e favoráveis de trabalho,

Cap. 5 – Declaração Universal dos Direitos Humanos

proteção contra o desemprego e direito à igual e justa remuneração;

- art. 24: direito ao **repouso** e ao **lazer,** limitação das horas de trabalho e **férias remuneradas** periódicas;
- art. 25, § 1.º direito a um **padrão de vida** capaz de assegurar a si e à família saúde e bem-estar, inclusive alimentação, vestuário, habitação, cuidados médicos e os serviços sociais indispensáveis;
- art. 26, § 1.º: direito à **educação gratuita**, devendo a educação elementar ser obrigatória;
- art. 26, § 3.º: direito de **prioridade aos pais** na escolha do gênero de instrução que será ministrada a seus filhos;
- art. 27, § 1.º: direito de **participar livremente da vida cultural da comunidade**, de fruir as artes e de participar do progresso científico e de seus benefícios;
- art. 29: liberdade do **pleno desenvolvimento da personalidade**;
- art. 30: interpretação da Declaração sempre a favor dos direitos e liberdades nela proclamados.

Importante

A Declaração Universal traz combinados os valores da liberdade e da igualdade em seus artigos 29 e 30 ao promover a liberdade do pleno desenvolvimento da personalidade e ao consagrar o princípio de interpretação da Declaração sempre a favor dos direitos e liberdades nela proclamados. Esses artigos conotam tanto a preocupação com os direitos de liberdade *lato sensu*, que representam os direitos civis e políticos, quanto as preocupações relativas à igualdade *lato sensu*, composta pelos direitos econômicos, sociais e culturais.

3. NATUREZA JURÍDICA DA DECLARAÇÃO UNIVERSAL

A Declaração Universal pode ser considerada uma "recomendação" das Nações Unidas, adotada sob a forma de *resolução* da Assembleia Geral, a consubstanciar uma **ética universal em relação à conduta dos Estados** no que tange à proteção internacional dos direitos humanos.

Não pode a Declaração ser considerada um tratado internacional, pelos seguintes motivos: *a*) não passou pelos procedimentos internacionais e internos típicos dos tratados internacionais desde a sua celebração até a sua entrada em vigor; *b*) não apresenta as características impostas pela Convenção de Viena sobre o Direito dos Tratados (1969) para que um ato internacional seja considerado um tratado; e *c*) não foi "concluída entre Estados", mas unilateralmente adotada pela Assembleia Geral da ONU.

Apesar de não ser tecnicamente um tratado, a Declaração Universal deve ser entendida, em termos substanciais, como norma de ***jus cogens*** internacional, porque apresenta **força jurídica obrigatória e vinculante aos Estados**, na medida em que é a manifestação das regras costumeiras universalmente reconhecidas em relação aos direitos humanos, à luz do que nenhuma derrogação é permitida, a não ser por norma de *jus cogens* posterior da mesma natureza, por deterem uma força **anterior** a todo o direito positivo.

A Declaração Universal de 1948 **integra** a Carta da ONU, na medida em que passa a ser sua interpretação mais fiel no tocante à qualificação jurídica da expressão "direitos humanos e liberdades fundamentais".

> **Importante**
>
> A Corte Internacional de Justiça, no *Caso do Pessoal Diplomático e Consular dos EUA em Teerã*, na decisão de 24 de maio de 1980, considerou a Declaração Universal como um **costume** que se encontra em pé de igualdade com a Carta das Nações Unidas. No mesmo sentido, o Tribunal Penal Internacional para a ex-Iugoslávia, no acórdão de 10 de dezembro de 1998, no Caso *A. Furundzija*, considerou ser a proibição da tortura uma regra imperativa de direito internacional (*jus cogens*) e que os atos de tortura não podem ser amparados por legislações nacionais de autoanistia.

4. RELATIVISMO *VERSUS* UNIVERSALISMO CULTURAL

O debate envolvendo o relativismo cultural em face da universalidade dos direitos humanos foi uma das principais preocupações da II Conferência Mundial de Direitos Humanos de Viena (1993) e da Conferência Internacional sobre População e Desenvolvimento (1994), visando responder à questão sobre serem os direitos humanos propriamente "universais" ou "relativos", caso em que cederiam ao que estabelecem os sistemas políticos, econômicos, culturais e sociais vigentes em determinado Estado.

A **doutrina relativista** sustenta que os meios culturais e morais de determinada sociedade devem ser respeitados, ainda que em detrimento da proteção dos direitos humanos nessa mesma sociedade. Para essa doutrina não existe uma moral universal, devendo o seu conceito ser compreendido levando-se em consideração o contexto *cultural* em que se situa. Existe ainda uma subdivisão entre **relativismo forte**, que atribui à cultura a condição de fonte principal de validade das regras morais ou jurídicas, e **relativismo fraco**, que sustenta que a cultura pode ser um auxiliar na determinação de validade de uma regra de direito ou moral.

A Conferência Mundial de Direitos Humanos de Viena (1993) consagrou, no § 5.º da Declaração e Programa de Ação de Viena, que os direitos humanos são **universais**, **indivisíveis**, **interdependentes** e **inter-relacionados.** Além disso, deixou claro que as particularidades históricas, culturais ou religiosas nacionais não podem servir de justificativa para o não cumprimento das obrigações internacionais do Estado relativas a direitos humanos, não podendo o relativismo cultural ser invocado para justificar quaisquer violações a direitos humanos.

Portanto, a **tese universalista** – segundo a qual se deve ter um **padrão mínimo de dignidade** independentemente da cultura dos povos – é a que atualmente prevalece, afastando, de vez, a ideia de um relativismo cultural no que tange à promoção e proteção dos direitos humanos.

Assim, o § 5.º da Declaração e Programa de Ação de Viena chegou a um consenso ao permitir que se levem em conta as particularidades nacionais e regionais, assim como diversos contextos históricos, culturais e religiosos dos Estados, sem deixar, contudo, de impor a esses mesmos Estados o dever de promover e proteger todos os direitos humanos e liberdades fundamentais. Daí se entender que a diversidade cultural deve ser um **somatório** ao processo de asserção dos direitos humanos, não um **empecilho** a este.

Cap. 5 – Declaração Universal dos Direitos Humanos

Atenção

1) *Princípio da indivisibilidade*: direitos civis e políticos e direitos sociais, econômicos e culturais não se sucedem em gerações, mas, ao contrário, se cumulam e se fortalecem ao longo dos anos;

2) *Princípio da interdependência*: os direitos do *discurso liberal* hão de ser sempre somados com os direitos do *discurso social* da cidadania, além do que democracia, desenvolvimento e direitos humanos são conceitos que se reforçam mutuamente;

3) *Princípio da inter-relacionariedade*: os direitos humanos e os vários sistemas internacionais de proteção não devem ser entendidos de forma dicotômica, mas, ao contrário, devem interagir em prol de sua garantia efetiva.

Importante

1) Muitos países subdesenvolvidos e em desenvolvimento, liderados pela China, sustentaram que a doutrina universalista dos direitos humanos seria um produto do **pensamento ocidental**, e que teriam deixado de lado as peculiaridades existentes em outros contextos. Como exemplo, pode ser citada a oposição feita pela delegação da Arábia Saudita à redação dos arts. 16 e 18 da Declaração Universal de 1948, que declaram a liberdade de contrair matrimônio e a igualdade de direitos em relação ao casamento, sua duração e dissolução, ou ainda a liberdade de religião e de mudar de religião, o que contrariaria as práticas culturais de muitos países árabes.

2) Parte da doutrina critica o argumento relativista por esconder detrás de si abusos de governos autoritários. Argu-

menta-se que as afirmações de que o sistema de proteção dos direitos humanos tem interesse apenas ocidental são falsas porque todas as constituições nacionais redigidas após a adoção da Declaração Universal dos Direitos Humanos nela se inspiraram ao tratar dos direitos e liberdades fundamentais, pondo em evidência, assim, o caráter atualmente universal de seus valores.

5. IMPACTO (INTERNACIONAL E INTERNO) DA DECLARAÇÃO UNIVERSAL

A Declaração Universal exerce influência tanto na ordem internacional como na ordem interna, **impactando positivamente nessas duas ordens jurídicas**.

No plano internacional, a Declaração Universal de 1948 tem servido de fonte jurídica e de referencial ético para a conclusão de inúmeros tratados internacionais de direitos humanos, quer do sistema global quer dos contextos regionais, a começar pela Convenção Europeia de Direitos Humanos de 1950, seguida de uma série de preâmbulos de tratados a ela concernentes.

No âmbito do direito interno brasileiro a Declaração Universal de 1948 **serviu de paradigma** para a redação da Constituição Federal de 1988, que reproduziu vários de seus dispositivos e entendimentos conceituais, o que demonstra que o direito constitucional brasileiro atual está em consonância com o sistema internacional de proteção dos direitos humanos. A Declaração também tem servido internamente de *fonte* para as decisões judiciárias nacionais.

A Declaração tem repercutido nos textos constitucionais dos Estados, tendo sido reproduzida *ipsis litteris* em diversas constituições nacionais, independentemente de sua obrigatoriedade ou não. É possível, até mesmo, considerar que os Estados têm uma **obrigação moral** de implementar os direitos previstos na Declaração Universal em suas respectivas legislações internas.

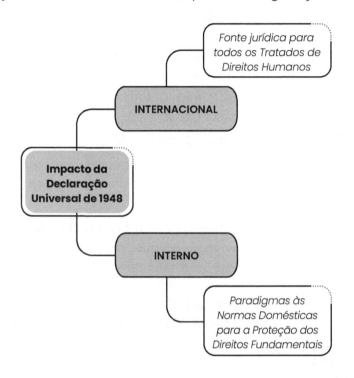

EM RESUMO:	
Introdução	**Características da Declaração Universal dos Direitos Humanos:** – adotada e proclamada em 1948; – "marco normativo fundamental" do sistema das Nações Unidas; – estabelece um **padrão mínimo** para a proteção dos direitos humanos em âmbito mundial; – basta **ser pessoa** para que se possa vindicar e exigir a proteção desses direitos.

Estrutura da Declaração Universal	– composta de trinta artigos, precedidos de um "Preâmbulo" com sete *considerandos*; – possui uma estrutura bipartite: **direitos civis e políticos (arts. 3.º a 21)** e **direitos sociais, econômicos e culturais (arts. 22 a 28)**.
Natureza jurídica da Declaração Universal	– considerada uma **"recomendação"** das Nações Unidas; – adotada sob a forma de resolução da Assembleia Geral; – **integra** a Carta da ONU; – não pode ser considerada um *tratado*, pois não atende a requisitos de ordem formal e material; – substancialmente é norma de ***jus cogens*** internacional, porque apresenta força jurídica obrigatória e vinculante.
Relativismo *versus* universalismo cultural	– **doutrina relativista**: meios culturais e morais de determinada sociedade devem ser respeitados, ainda que em detrimento da proteção dos direitos humanos; – **doutrina universalista**: deve-se ter um padrão mínimo de dignidade independentemente da cultura dos povos (**é a que prevalece**); – direitos humanos são **universais**, **indivisíveis**, **interdependentes** e **inter-relacionados.**
Impacto (internacional e interno) da Declaração Universal	A Declaração Universal exerce influência: – na **ordem internacional** (fonte jurídica de tratados internacionais e regionais de direitos humanos); – na **ordem interna** (fonte para a Constituição Federal de 1988 e para as decisões judiciárias nacionais).

Capítulo 6

Pacto Internacional sobre Direitos Civis e Políticos

1. DIREITOS PREVISTOS NO PACTO

O Pacto Internacional sobre Direitos Civis e Políticos foi aprovado pela Assembleia Geral da ONU em 16 de dezembro de 1966 e entrou em vigor, com o seu Protocolo Facultativo, em 23 de março de 1976. No Brasil, o tratado foi promulgado internamente pelo Decreto n. 592, de 6 de julho de 1992, após o depósito do instrumento de ratificação brasileiro no Secretariado das Nações Unidas em 24 de janeiro do mesmo ano.

Sua intenção é garantir e dar instrumentos para que se efetive a proteção dos assim chamados "direitos de primeira geração", atribuindo obrigatoriedade jurídica à categoria dos direitos civis e políticos versada pela Declaração Universal de 1948 em sua primeira parte.

O rol de direitos civis e políticos presente no Pacto é **mais amplo** do que o da Declaração Universal, além de ser **mais rigoroso** na afirmação da obrigação dos Estados em respeitar os direitos nele consagrados. O Pacto, comparando-se com o

Pacto sobre Direitos Econômicos, Sociais e Culturais, também é mais bem aparelhado com meios de revisão e fiscalização.

O tratado internacional em questão é um dos principais já concluídos no âmbito das Nações Unidas e pretende ser o **marco uniformizador** dos direitos civis e políticos do sistema onusiano de proteção dos direitos humanos. O Brasil, à medida que é parte desse tratado, guarda obrigações internacionais importantes, que devem ser seguidas no plano do direito interno, sob pena de responsabilidade internacional do Estado.

> **Você precisa ler**
>
> Entre os vários direitos expressos no Pacto Internacional sobre Direitos Civis e Políticos, podem ser citados:
>
> - art. 2.º: compromisso dos Estados-partes em **garantir os direitos reconhecidos no tratado** a todos os indivíduos que se encontrem em seu território e que estejam sujeitos à sua jurisdição (nacionais ou não);
> - art. 6.º: **direito à vida** como inerente à pessoa humana. Admite-se a pena de morte unicamente para os delitos mais graves e de conformidade com as leis em vigor; proíbem-se as torturas, as penas ou tratamentos cruéis, desumanos ou degradantes, a escravidão e a servidão;
> - art. 9.º: **direito à liberdade e segurança pessoais**;
> - art. 11: direito de não ser preso por descumprimento de obrigação contratual;
> - art. 27: proteção dos **direitos das minorias à identidade cultural**, religiosa e linguística;
> - art. 20: proibição da propaganda de guerra ou de incitamento à intolerância étnica ou racial.

Cap. 6 – Pacto Internacional sobre Direitos Civis e Políticos

> ## Atenção
>
> O Pacto dos Direitos Civis e Políticos **não** versa os direitos econômicos, sociais e culturais incorporados na Declaração Universal nos seus arts. 22 a 27, uma vez que esses direitos foram objeto do Pacto Internacional dos Direitos Econômicos, Sociais e Culturais. Também não versa sobre o direito à propriedade (art. 17 da Declaração), de cunho eminentemente civilista.

2. COMITÊ DE DIREITOS HUMANOS

O Pacto, em seus arts. 28 a 45, instituiu um *Comitê de Direitos Humanos*, formado por dezoito peritos de nacionalidades distintas, e que tem um papel de *monitoramento* relativamente à implementação pelos Estados dos direitos previstos no Pacto.

Dessa forma, os Estados-partes se comprometem "a submeter **relatórios sobre as medidas** por eles adotadas para tornar efetivos os direitos reconhecidos no Pacto e sobre o progresso alcançado no gozo desses direitos: *a*) dentro do prazo de um ano, a contar do início da vigência do presente Pacto nos Estados-partes interessados; *b*) a partir de então, sempre que o Comitê vier a solicitar".

Para além dessa função de *supervisão*, o Comitê também tem duas outras atribuições fundamentais, uma de natureza *conciliatória* e a outra de natureza *investigatória*:

- Natureza *conciliatória*: nos termos do art. 41 do Pacto, um Estado por enviar comunicações ao Comitê sobre outro estado, caso entenda que este não está cumprindo com a obrigações decorrentes do tratado. Se uma questão submetida ao Comitê não restar dirimida satisfatoriamente para os Estados-partes interessados, o Comitê poderá, com o consentimento prévio desses Estados, constituir uma Comissão de Conciliação *ad hoc* no intuito de alcançar uma solução amistosa para a questão baseada no respeito ao Pacto.

- Natureza *investigatória* (ou *quase judicial*): decorrente do *Protocolo Facultativo*, também adotado pela Assembleia Geral da ONU em 1966. A finalidade do Protocolo é facultar ao Comitê de Direitos Humanos receber e considerar petições individuais (queixas de particulares) em casos de violação dos direitos humanos consagrados pelo Pacto. O Brasil já é parte do Protocolo Facultativo ao Pacto Internacional sobre Direitos Civis e Políticos desde 25 de setembro de 2009 (no entanto, o Protocolo só foi promulgado no Brasil muito tardiamente, pelo Decreto n. 11.777, de 09.11.2023).

EM RESUMO:

Pacto Internacional sobre Direitos Civis e Políticos	**1. Aprovação e entrada em vigor:** – **âmbito internacional:** aprovado pela Assembleia Geral da ONU em **1966**, entrada em vigor em **1976**; – **âmbito nacional:** promulgado pelo Decreto Legislativo n.º 592, de 6 de julho de 1992. Entrada em vigor após o depósito do instrumento de ratificação brasileiro no Secretariado das Nações Unidas em 24 de janeiro do mesmo ano. **2. Finalidade: proteger** e **instrumentalizar** a efetivação dos "direitos de primeira geração", atribuindo obrigatoriedade jurídica à categoria dos direitos civis e políticos versada pela Declaração Universal de 1948 em sua primeira parte.

Pacto Internacional sobre Direitos Civis e Políticos	**3. Sistema de monitoramento do Pacto:** *relatórios* apresentados pelo Estados ao Comitê de Direitos Humanos. Prevê também que os Estados-partes envie comunicações ao Comitê sobre outro estado, caso entenda que este não está cumprindo com a obrigações decorrentes do tratado.
	4. Comitê de Direitos Humanos: órgão de responsável pelo exame das medidas adotadas e pelo monitoramento do cumprimento das obrigações previstas no Pacto, acumula as funções de supervisão, conciliação e investigatória.

Capítulo 7

Pacto Internacional dos Direitos Econômicos, Sociais e Culturais

1. INTRODUÇÃO

O Pacto Internacional dos Direitos Econômicos, Sociais e Culturais foi aprovado pela Assembleia Geral da ONU por meio da Resolução n. 2200-A (XXI) em 1966, tendo entrado em vigor em âmbito internacional em 1976. O Pacto foi aprovado no Brasil pelo Decreto Legislativo n. 226, de 12 de dezembro de 1991, e promulgado pelo Decreto n. 591, de 6 de julho de 1992.

A finalidade principal do pacto sobre direitos econômicos, sociais e culturais é dar **juridicidade** aos preceitos da Declaração Universal de 1948. Além de ampliar a proteção ao elenco dos direitos chamados de "segunda geração", o Pacto garante ainda os direitos dos povos que se contêm no Pacto Internacional sobre Direitos Civis e Políticos.

Esse instrumento internacional pretendeu ser o marco onusiano de proteção dos direitos econômicos, sociais e culturais, impondo obrigações aos seus Estados-partes no que tange à garantia desses direitos.

O Pacto inicia o seu rol de direitos afirmando que todos os povos têm direito à autodeterminação, e que, em virtude desse direito, determinam livremente seu estatuto político e asseguram livremente seu desenvolvimento econômico, social e cultural. Aduz ainda que, para a consecução de seus objetivos, todos os povos podem dispor livremente de suas riquezas e de seus recursos naturais, sem prejuízo das obrigações decorrentes da cooperação econômica internacional, baseada no princípio do proveito mútuo, e do Direito Internacional; além do que, em caso algum, poderá um povo ser privado de seus próprios meios de subsistência.

2. NORMATIVA PROGRAMÁTICA

As disposições constantes do Pacto dos Direitos Econômicos, Sociais e Culturais são exemplos de **normas de caráter programático**, apresentando realização progressiva, porque, apesar de os Estados reconhecerem e se comprometerem a adotar medidas destinadas a proteger os direitos econômicos, sociais e culturais mencionados no tratado, esses direitos não estão desde já garantidos.

Isso porque, diferentemente do que ocorre com o Pacto sobre Direitos Civis e Políticos, cuja implementação se torna obrigação imediata e sem condicionantes para os Estados-partes, os direitos previstos no Pacto sobre Direitos Econômicos, Sociais e Culturais pressupõem a existência de recursos financeiros e congêneres ao alcance do Estado. Portanto a capacidade de garantir muitos dos direitos econômicos, sociais e culturais encontra limites nos recursos disponíveis dos Estados.

Desse fato nasce o debate sobre a acionabilidade desses direitos nas cortes e instâncias judiciárias, não sendo poucos os que sustentam que tais cortes são incompetentes para tratar de

Cap. 7 – Pacto Internacional dos Direitos Econômicos, Sociais e Culturais

políticas sociais. Parte da doutrina **não sustenta esse ponto de vista**, defendendo ser plenamente possível e jurídica a acionabilidade dos direitos que decorrem das normas de cunho social *lato sensu*, uma vez que tais cortes criam políticas sociais não apenas ao interpretar a constituição, mas também ao interpretar legislações de direito econômico, trabalhista e ambientalista, entre outras.

3. SISTEMA DE MONITORAMENTO

O sistema de monitoramento do Pacto Internacional dos Direitos Econômicos, Sociais e Culturais está previsto nos seus arts. 16 a 25, por meio do mecanismo de **relatórios** que os Estados devem apresentar ao secretário-geral das Nações Unidas, que encaminhará ao Conselho Econômico e Social (ECOSOC), órgão responsável pelo exame das medidas adotadas e pelo monitoramento e análise dos fatores e dificuldades que prejudiquem o pleno cumprimento das obrigações previstas no Pacto.

A apresentação dos relatórios deve ser feita **por etapas**, segundo um programa estabelecido pelo Conselho Econômico e Social das Nações Unidas, no prazo de um ano a contar da data da entrada em vigor do tratado, de acordo com o art. 17, § 1.º, do Pacto.

O Conselho Econômico e Social poderá encaminhar ao Conselho de Direitos Humanos da ONU os relatórios apresentados pelos Estados e pelas agências especializadas (arts. 18 e 19), para fins de estudo e de recomendação de ordem geral, ou para informação, caso julgue apropriado.

Por sua vez, os Estados-partes e as agências especializadas interessadas poderão encaminhar ao Conselho Econômico e Social comentários sobre qualquer recomendação feita pelo Conselho de Direitos Humanos, ou sobre qualquer referência a uma recomendação de ordem geral que venha a constar de relatório do Conselho de Direitos Humanos ou de qualquer documento mencionado no referido relatório.

Os direitos econômicos, sociais e culturais foram adotados mais rapidamente pelos Estados-partes no Pacto que os direitos civis e políticos previstos no pacto respectivo. Prova disso é o fato de o Pacto Internacional sobre Direitos Econômicos, Sociais e Culturais ter entrado em vigor internacional *antes* do Pacto Internacional dos Direitos Civis e Políticos, o que consolida uma tendência da sociedade internacional em fomentar a proteção desses direitos de maneira mais concreta e com meios processuais mais eficazes para que sua aplicação alcance melhores resultados.

Em 2008, adotou-se o *Protocolo Facultativo* ao Pacto com a finalidade de habilitar o Comitê dos Direitos Econômicos, Sociais e Culturais a apreciar petições individuais (de pessoas ou grupo de pessoas) em que se alega violação de um dos direitos econômicos, sociais e culturais enumerados no Pacto. Assim, a partir daquele momento, o sistema de justiciabilidade dos direitos econômicos, sociais e culturais passou a andar lado a lado ao do Pacto Internacional sobre Direitos Civis e Políticos, tornando o regime de proteção das Nações Unidas mais completo e eficaz. O Brasil **ainda não assinou** o Protocolo Facultativo ao Pacto Internacional dos Direitos Econômicos, Sociais e Culturais até o presente momento.

> **Importante**
>
> As normas do Pacto Internacional dos Direitos Econômicos, Sociais e Culturais são **normas de caráter programático.** Não são, portanto, de aplicabilidade imediata, porque encontram limites nos recursos disponíveis do Estado.

Cap. 7 – Pacto Internacional dos Direitos Econômicos, Sociais e Culturais

Há, no entanto, para os Estados-partes do Protocolo Facultativo, a possibilidade de acionamento do Comitê dos Direitos Econômicos, Sociais e Culturais para análise e apreciação das violações desses direitos no âmbito do Pacto.

Você precisa ler

Dentre os direitos expressos no Pacto, podem ser citados:

- art. 1.º, § 1.º: **direito dos povos à autodeterminação**;
- art. 3.º: direito de homens e mulheres à **igualdade** no gozo dos direitos econômicos, sociais e culturais enumerados no tratado;
- art. 6.º, § 1.º: direito de ter a possibilidade de ganhar a vida mediante um **trabalho** livremente escolhido ou aceito;
- art. 7.º: direito de gozar de **condições de trabalho justas e favoráveis**, que assegurem uma remuneração que proporcione um salário igual por um trabalho de igual valor, condições de vida dignas, segurança, higiene e iguais oportunidades de promoção no trabalho, o descanso, o lazer, a limitação razoável das horas de trabalho e férias periódicas remuneradas;
- art. 8.º, § 1.º, *a*: direito de **fundar sindicatos** e de filiar-se ao sindicato de sua escolha;
- art. 9.º: direito à previdência social, inclusive ao seguro social;
- art. 10, § 1.º: direito de proteção e **assistência à família**;
- art. 11, § 1.º: direito a um **nível de vida adequado** para si e sua família;
- art. 12, § 1.º: direito de toda pessoa de desfrutar das melhores condições possíveis de **saúde física e mental**;

- art. 13, § 1.º: direito à **educação**;
- art. 15, § 1.º: direito de cada indivíduo de participar da vida cultural, desfrutar do progresso científico e beneficiar-se da proteção dos interesses morais e materiais decorrentes de produção científica, literária ou artística de que seja autor.

Importante

1) Além de encaminhar o relatório ao ECOSOC, o secretário-geral das Nações Unidas encaminhará também às agências especializadas cópias dos relatórios remetidos pelos Estados-partes que sejam igualmente membros de tais agências especializadas, na medida em que os relatórios guardem relação com questões que sejam da competência de tais agências, nos termos de seus respectivos instrumentos constitutivos.

2) Em 1978, o ECOSOC criou um grupo de trabalho sessional. Em 1982, esse grupo foi convertido em órgão composto por peritos governamentais e substituído em 1985 pelo Comitê dos Direitos Econômicos, Sociais e Culturais, que passou a ser integrado por dezoito peritos não governamentais, eleitos em sua qualidade individual e atuantes a título pessoal. O comitê, por sua vez, foi equiparado simetricamente ao Comitê dos Direitos Humanos do Pacto Internacional dos Direitos Civis e Políticos.

EM RESUMO:

Pacto Internacional dos Direitos Econômicos, Sociais e Culturais

1. Aprovação e entrada em vigor:

– **âmbito internacional:** aprovado pela Assembleia Geral da ONU em **1966**, entrada em vigor em **1976**;

– **âmbito nacional:** aprovado pelo Decreto Legislativo n. 226, de 12 de dezembro de 1991. Entrada em vigor em **1992** (Decreto n. 591, de 6 de julho de 1992).

2. Finalidade: dar **juridicidade e amplitude** às normas de "segunda geração" contidas na Declaração Universal de 1948.

3. Aplicabilidade: normas de **caráter programático**, cuja implementação é condicionada à existência de recursos disponíveis do Estado.

4. Sistema de monitoramento do Pacto: relatórios apresentados pelo Estados ao secretário-geral das Nações Unidas e encaminhados ao Conselho Econômico e Social (ECOSOC).

5. ECOSOC: órgão responsável pelo exame das medidas adotadas e pelo monitoramento do cumprimento das obrigações previstas no Pacto.

Capítulo **8**

Sistema Regional Interamericano de Direitos Humanos

1. INTRODUÇÃO

O sistema interamericano de proteção dos direitos humanos nasce com a adoção da Carta da Organização dos Estados Americanos (*Carta de Bogotá*) de 1948 e tem como instrumentos fundamentais a Convenção Americana sobre Direitos Humanos, assinada em 1969 e com entrada em vigor em 1978, bem como a anterior Declaração Americana dos Direitos e Deveres do Homem (1948), instrumento de expressão regional nessa matéria, principalmente para os Estados não partes na Convenção Americana.

Somente os Estados-membros da Organização dos Estados Americanos têm o direito de fazer parte da Convenção Americana sobre Direitos Humanos. O Brasil ratificou a Convenção em 1992, tendo ela sido promulgada internamente pelo Decreto n. 678, de 6 de novembro de 1992.

2. CONVENÇÃO AMERICANA SOBRE DIREITOS HUMANOS

A proteção dos direitos humanos prevista na Convenção Americana é **complementar** à oferecida pelo direito interno dos seus Estados-partes, não substituindo as jurisdições nacionais, mas complementando-as. Assim, a competência dos Estados continua a ser *primária* para amparar e proteger os direitos das pessoas sujeitas à sua jurisdição, podendo o sistema protetivo interamericano atuar somente *depois* de se dar a oportunidade de agir ao Estado. Apenas em caso de inação deste ou de proteção aquém da que deveria ocorrer, é que então terá lugar a proteção prevista pela Convenção.

A Convenção é dividida em **três partes**, sendo que a sua Parte I elenca um rol de direitos civis e políticos parecido ao do Pacto Internacional sobre Direitos Civis e Políticos (1966) e sua Parte II enumera os meios de alcançar a proteção dos direitos elencados na Parte I. A Parte III contém as disposições gerais e transitórias da Convenção.

A base da Convenção vem trazida nos seus dois primeiros artigos, que estabelecem duas exigências: a **obrigação de respeitar os direitos nela reconhecidos** (art. 1.º, § 1.º) e a **obrigação de adotar disposições de direito interno** (art. 2.º) impostas aos Estados-partes que dela fazem parte, a fim de garantir o livre e pleno exercício dos direitos e liberdades ali consagrados. No caso da obrigação de adotar disposições de direito interno, a ideia é de garantir o exercício dos direitos e liberdades que ainda não estejam garantidos por disposições legislativas no âmbito do direito doméstico do Estado-parte.

O destinatário da proteção da Convenção Americana é toda pessoa que esteja sujeita à sua jurisdição, **independente da nacionalidade da vítima**, pouco importando se são elas nacionais dos seus Estados-partes, estrangeiras ou apátridas,

Cap. 8 – Sistema Regional Interamericano de Direitos Humanos

residentes ou não em um desses Estados. Não se inclui como destinatário da Convenção as pessoas jurídicas, conforme decisão da Corte Interamericana na *Opinião Consultiva n. 22*, de 26 de fevereiro de 2016.

No que tange aos direitos de cunho econômico, social ou cultural, a Convenção Americana contém apenas uma **previsão genérica** no seu art. 26, não os prevendo de forma específica. Assim, para a melhor garantia desses direitos, a Assembleia Geral da Organização dos Estados Americanos (OEA) adotou o *Protocolo de San Salvador* (1988), que entrou em vigor internacional em novembro de 1999, tendo sido ratificado pelo Brasil no mesmo ano e promulgado internamente pelo Decreto n. 3.321, de 30 de dezembro de 1999.

Há, porém, certa dificuldade em proteger direitos econômicos, sociais e culturais perante os sistemas regionais de direitos humanos. Em virtude disso, por vezes, o sistema interamericano se utiliza de técnicas para a proteção desses direitos, que consistem em requerer proteção a um direito da primeira categoria no qual se inclui, **pela via reflexa**, o direito de categoria distinta, como se dá no caso da proteção ambiental, ao que se tem denominado ***greening* ou "esverdeamento"** do sistema interamericano. A Corte também vem reconhecendo a aplicabilidade direta do art. 26 da Convenção Americana em casos de direitos econômicos, sociais e culturais propriamente ditos, com evolução contínua de sua jurisprudência ao longo dos anos.

> **Atenção**
>
> Via de regra, não se incluem como destinatárias da Convenção as **pessoas jurídicas**, porém a Corte Interamericana constituiu uma exceção em sua *Opinião Consultiva n. 22*, de 26 de fevereiro de 2016, ao afirmar ter competência

para conhecer da violação a direitos de sindicatos, federações e confederações, nos termos do art. 8.º, § 1.º, *a*, do Protocolo de San Salvador, que estabelece o dever dos Estados-partes de garantir o direito dos trabalhadores de organizar sindicatos e de filiar-se ao de sua escolha, para proteger e promover seus interesses.

> **Importante**
>
> 1. Os instrumentos internacionais que compõem o sistema interamericano são:
>
> ✓ Protocolo à Convenção Americana sobre Direitos Humanos Referente à Abolição da Pena de Morte (1990);
>
> ✓ Convenção Interamericana para Prevenir e Punir a Tortura (1985);
>
> ✓ Convenção Interamericana para Prevenir, Punir e Erradicar a Violência contra a Mulher, conhecida como ou *Convenção de Belém do Pará* (1994);
>
> ✓ Convenção Interamericana sobre Tráfico Internacional de Menores (1994);
>
> ✓ Convenção Interamericana para a Eliminação de Todas as Formas de Discriminação contra as Pessoas Portadoras de Deficiência (1999);
>
> ✓ Convenção Interamericana contra o Racismo, a Discriminação Racial e Formas Correlatas de Intolerância (2021).
>
> 2. Ao ratificar o Protocolo à Convenção Americana sobre Direitos Humanos Referente à Abolição da Pena de Morte (1990), o Brasil apresentou reserva ao seu art. 2.º, que atribui aos Estados-partes o direito de aplicar a pena de morte em tempo de guerra por delitos de caráter militar.

Cap. 8 – Sistema Regional Interamericano de Direitos Humanos

3. A **Parte I da Convenção** traz um rol de direitos civis e políticos:

– direito à vida (art. 4.º);

– direito à integridade pessoal (art. 5.º);

– direito de não ser submetido à escravidão ou servidão (art. 6.º);

– direito à liberdade pessoal (art. 7.º);

– direito de recorrer da sentença criminal a juiz ou tribunal superior (art. 8.º, § 2.º, *h*);

– direito de liberdade de consciência e de crença (art. 12);

– direito de liberdade de pensamento e expressão (art. 13);

– direito de retificação ou resposta (art. 14);

– direito de reunião (art. 15);

– direito ao nome (art. 18);

– direito à nacionalidade (art. 20);

– direito à propriedade privada (art. 21);

– direito de circulação e de residência (art. 22);

– direitos políticos (art. 23);

– direito à igualdade perante a lei (art. 24);

– proteção judicial (art. 25).

Você precisa ler

Como exemplo do reconhecimento pela Corte Interamericana da aplicabilidade direta do art. 26 da Convenção Americana em casos de direitos econômicos, sociais e culturais propriamente ditos, tem-se o caso *Lagos del Campo vs. Peru*, de 31 de agosto de 2017, em que o Tribunal enten deu que a demissão de um trabalhador em razão de críticas por ele dirigidas à empresa em que laborava constituía violação do direito à estabilidade no emprego (*Vide* Corte IDH, *Caso Lagos del Campo vs. Peru*, Exceções preliminares, mérito, reparações e custas, Série C, n. 340, j. 31.08.2017). A sentença foi duramente criticada em razão de não estar tal direito no rol daqueles que permitem justiciabilidade pelo Protocolo de San Salvador.

3. ÓRGÃOS DE PROTEÇÃO (COMISSÃO INTERAMERICANA E CORTE INTERAMERICANA)

Para a proteção e monitoramento dos direitos que estabelece, a Convenção Americana vem integrada por dois órgãos autônomos e independentes: a **Comissão Interamericana de Direitos Humanos** (com sede em Washington, D.C., nos Estados Unidos) e a **Corte Interamericana de Direitos Humanos** (com sede em San José, Costa Rica). Ambas laboram, nos termos dos seus regulamentos e das respectivas competências, para uniformizar a proteção dos direitos humanos no Continente Americano.

3.1. Comissão Interamericana de Direitos Humanos

A Comissão Interamericana de Direitos Humanos apresenta **funções ambivalentes** ou **bifrontes**, pois é órgão da Organização dos Estados Americanos e também da Convenção Americana sobre Direitos Humanos, conforme art. 106 da Carta da OEA. A Corte Interamericana de Direitos Humanos é tão somente órgão da Convenção Americana, pois foi criada diretamente por essa última.

Todos os Estados-partes da Convenção Americana são obrigatoriamente membros da OEA, mas a recíproca não é verda-

Cap. 8 – Sistema Regional Interamericano de Direitos Humanos

deira, uma vez que nem todos os membros da OEA são partes na Convenção Americana.

A missão principal da Comissão Interamericana é a de promover a observância e a **defesa dos direitos humanos no continente americano**, tendo funções políticas, como órgão de consulta da OEA na matéria, e também funções jurídicas (funções quase judiciais), por meio do recebimento de denúncias ou queixas de violações de direitos humanos deflagradas por indivíduos ou por organizações não governamentais contra atos dos Estados. Uma vez admitida a denúncia ou queixa, a comissão poderá abrir um procedimento interno de apuração em prejuízo do Estado para fins de demandá-lo perante a Corte Interamericana de Direitos Humanos, caso tal Estado seja parte da Convenção Americana e tenha reconhecido a competência contenciosa da Corte Interamericana.

Cabe, assim, à comissão proceder ao juízo de admissibilidade das petições ou comunicações apresentadas, e à corte julgar a ação eventualmente proposta pela comissão.

As denúncias ou queixas de violações da Convenção Americana por um Estado-parte podem ser apresentadas por **qualquer pessoa ou grupo de pessoas**, ou **entidade não governamental** (art. 44). Os **requisitos de admissibilidade** das comunicações ou petições (art. 46, § 1.º) são:

a) interposição e **esgotamento dos recursos da jurisdição interna** (princípio do prévio esgotamento dos recursos internos);

b) prazo de apresentação de **seis meses**, a partir da data em que o prejudicado tenha sido notificado da decisão definitiva;

c) **inexistência** de litispendência ou coisa julgada internacionais;

d) para as petições do art. 44: devem conter nome, nacionalidade, profissão, domicílio e a assinatura da pessoa ou pessoas ou do representante legal da entidade que submeter a petição.

Caso não exista na legislação interna o devido processo legal para a proteção do direito violado, ou haja impedimento de acesso e/ou de esgotamento dos recursos da jurisdição interna, ou exista demora injustificada na decisão sobre os mencionados recursos, **os requisitos das alíneas *a* e *b* acima não se aplicarão** como requisitos de admissibilidade das comunicações ou petições (art. 46, § 2.º).

Existe ainda a possibilidade de se requerer **medida cautelar** de proteção no âmbito da Comissão Interamericana (art. 25 do Regulamento da Comissão), com finalidade de prevenir danos irreparáveis às pessoas ou ao objeto do processo relativo a uma petição ou a um caso pendente, ou a pessoas que se encontrem sob a jurisdição de um Estado, independentemente de qualquer petição ou caso pendente. Em situações de gravidade e urgência, a medida cautelar pode ser determinada *ex officio* pela Comissão.

Importante

1. Há uma dificuldade prática encontrada em relação à efetivação do processamento das denúncias ou queixas perante a Corte Interamericana, já que não há uma obrigatoriedade de submissão à Corte de todos os casos analisados pela Comissão. Assim, das inúmeras queixas recebidas pela comissão com alegação de violações a direitos humanos de toda índole, pouquíssimas em termos de quantidade e de temática são ao final admitidas e seguem à Corte.

Cap. 8 – Sistema Regional Interamericano de Direitos Humanos

2. A crítica feita em relação à submissão pela Comissão dos casos à Corte diz respeito à seleção de grandes temas que guardam ampla representatividade, tais os relativos a direitos de povos indígenas e comunidades tradicionais, anistias dos períodos de ditadura militar na América Latina ou ainda desaparecimentos forçados, em detrimento de casos individuais e pontuais cujo mérito não guarda ampla representatividade e que, portanto, tem mínima ou quase nenhuma probabilidade de admissão perante a Comissão e de seguir à Corte para julgamento.

3.2. Corte Interamericana de Direitos Humanos

A Corte Interamericana de Direitos Humanos veio à luz em 1978, com a entrada em vigor da Convenção Americana. É órgão jurisdicional do sistema interamericano que resolve sobre os casos de violação de direitos humanos perpetrados pelos Estados-partes da OEA que tenham ratificado a Convenção Americana. A corte não pertence à OEA, tendo sido criada pela Convenção Americana, com natureza de órgão judiciário internacional.

Trata-se de um **tribunal supranacional interamericano**, capaz de condenar os Estados-partes na Convenção Americana por violação de direitos humanos, desde que estes tenham aceitado a competência contenciosa do tribunal (art. 62). É composta por sete juízes eleitos provenientes dos Estados-membros da OEA (art. 52), sendo o *quorum* para as deliberações da Corte de cinco juízes (art. 56).

A Corte detém uma **competência consultiva** (art. 64) relativamente à interpretação das disposições da Convenção e de outros tratados de dos direitos humanos e uma **competência contenciosa**, própria para o julgamento de casos concretos, limitada aos Estados-partes da Convenção que reconheçam expressamente a sua jurisdição. Enquanto a competência consultiva da Corte é **automática** para os Estados-partes a partir da ratificação da Convenção, a competência contenciosa é **facultativa** e poderá ser aceita posteriormente.

No exercício da competência consultiva, a Corte Interamericana expede **Opiniões Consultivas** aos Estados solicitantes, as quais têm por objetivo esclarecer os Estados sobre aspectos controvertidos da aplicação ou interpretação da Convenção Americana. Trata-se da **aferição de convencionalidade preventiva**, que deve ser considerada pelos Estados, os quais têm o dever de incorporar e dar cumprimento interno às Opiniões Consultivas proclamadas pela Corte.

Os particulares e as instituições privadas estão impedidos de ingressar diretamente à corte (art. 61), diferentemente do que ocorre no sistema da Corte Europeia de Direitos Humanos. O caso é submetido ao conhecimento da Corte por meio da comissão, que atua como instância preliminar à jurisdição da corte, podendo também fazê-lo outro Estado pactuante, mas desde que o Estado acusado tenha anteriormente aceitado a jurisdição do tribunal para atuar em tal contexto. Nos casos iniciados por particulares, a Comissão Interamericana atua na qualidade de **substituta processual**, defendendo em nome próprio direitos de terceiros.

Em relação à **competência *ratione materiae***, a Corte pode examinar, na sentença, outras possíveis violações da Convenção Americana, ainda que não originalmente alegadas na demanda apresentada pela Comissão. Tal faz com que se permita o conhecimento de quaisquer violações adicionais à Convenção, mesmo que não alegadas pela Comissão *ab initio*, segundo o princípio ***iura novit curia***.

Cap. 8 – Sistema Regional Interamericano de Direitos Humanos

As sentenças proferidas pela Corte no âmbito de sua competência contenciosa são **definitivas** e **inapeláveis** (art. 67), bem como **obrigatórias**, a título de coisa julgada (*res judicata)* para os Estados que reconheceram a sua competência. Segundo a jurisprudência atual, elas também vinculam de maneira indireta os demais Estados-partes à Convenção, que têm a obrigação não só de aplicar a Convenção, mas também de entendê-la **tal como interpretada** pela Corte (*res interpretata*). Assim, para o Estado em causa, a sentença tem autoridade de *res judicata,* e para terceiros Estados vale como *res interpretata.*

Frise-se que a determinação da obrigatoriedade das sentenças da Corte não pode restar ao arbítrio de um só órgão do Estado, razão pela qual não é possível subordinar a decisão internacional a questões de direito interno que retirem a sua autoridade, pois tal tornaria incerto o acesso à justiça.

Existe ainda a possibilidade de a Corte autorizar **"medidas provisórias"** nos casos a ela submetidos que apresentem extrema gravidade, urgência e quando se fizer necessário para evitar danos irreparáveis às pessoas. Se tais assuntos ainda não estiverem submetidos ao seu conhecimento, a Corte poderá conceder tais medidas a pedido da Comissão (art. 63, § 2.º).

Ao declarar a ocorrência de violação a um direito em sua sentença, a Corte exige a imediata reparação do dano e impõe, se for o caso, o pagamento de indenização à parte lesada. Os Estados-membros comprometem-se a cumprir a decisão da Corte, podendo a parte da sentença que determinar **indenização compensatória** ser executada no país respectivo pelo processo interno vigente para a execução de sentenças contra o Estado (art. 68, §§ 1.º e 2.º). Os Estados têm a obrigação de não causar embaraços à execução das decisões no direito interno, devendo adotar todas as medidas necessárias para que sua execução se efetive corretamente.

A Corte, por fim, dispõe do mecanismo de **supervisão do cumprimento de sentença**, com o intuito de verificar o cumprimento da sentença por ela proferida. Em caso de descumprimento, a Corte pode orientar o Estado para que dê solução ao *decisum* e, em última análise, informar a Assembleia Geral da OEA sobre o ocorrido, fazendo as recomendações pertinentes, para que as providências necessárias sejam tomadas (art. 65).

> ### Importante
>
> 1. Os particulares e as instituições privadas estão impedidos de ingressar diretamente à Corte.
>
> 2. Nos casos iniciados por particulares a Comissão atua na qualidade de substituta processual.
>
> 3. A Corte tem competência para examinar na sentença outras violações que ainda não alegadas na demanda apresentada pela Comissão (princípio *jura novit curia*).
>
> 4. As sentenças proferidas pela Corte são definitivas e inapeláveis.

4. EXEQUIBILIDADE DOMÉSTICA DAS DECISÕES DA CORTE INTERAMERICANA

As sentenças proferidas pela Corte Interamericana são **sentenças internacionais, não estrangeiras**, e por isso sua exequibilidade interna não demanda o procedimento homologatório de sentenças estrangeiras previsto na legislação doméstica (art. 105, I, *i*, da CF; arts. 960 a 965 do CPC; arts. 15 e 17 da LINDB).

Cap. 8 – Sistema Regional Interamericano de Direitos Humanos

A dispensa de homologação da sentença pelo Superior Tribunal Justiça se deve ao fato de que sentenças proferidas por tribunais internacionais não se enquadram na definição de **"sentenças estrangeiras"**, na medida em que emanadas de um tribunal internacional que detém jurisdição sobre os próprios Estados e não de tribunal afeto à soberania de determinado Estado. Tais sentenças não são, portanto, estranhas ao país. Assim, sendo o ato judicial emanado de órgão judiciário internacional de que o Estado faz parte, cabe apenas cumpri-lo, como faria com decisão congênere de seu Poder Judiciário.

Portanto, o STJ não tem competência constitucional, tampouco legal, para homologar sentenças proferidas por tribunais internacionais, como é o caso da Corte Interamericana de Direitos Humanos, que decide em nível superior ao poder soberano estatal, possuindo jurisdição *sobre* o próprio Estado.

As sentenças proferidas pela Corte têm **eficácia imediata** na ordem jurídica interna, pois são dotadas da autoridade da coisa julgada, devendo ser cumpridas de plano e integralmente. O não cumprimento das decisões **importa em nova violação da Convenção**. Nestes casos, duas ações podem ser tomadas, tanto em esfera interna do Estado quanto em âmbito do sistema interamericano. Relativamente a este último, deve a Corte informar tal fato à Assembleia Geral da OEA, no relatório anual que apresenta à organização, fazendo as recomendações pertinentes (art. 65). No que toca ao Estado, há possibilidade de novo procedimento contencioso contra esse mesmo Estado em âmbito interno. Em casos tais, cabe à vítima ou ao Ministério Público Federal (art. 109, III, da CF) processar a ação judicial para garantir o efetivo cumprimento da sentença, uma vez que elas valem como **título executivo** no Brasil, tendo aplicação imediata.

O problema que existe relativamente ao cumprimento integral das obrigações impostas aos Estados pela Corte Interamericana não está na parte indenizatória da sentença, mas na dificuldade de executar internamente os **deveres de investigar e punir** os responsáveis pelas violações de direitos humanos. Apesar de a Convenção não trazer expressamente esses deveres do Estado de investigação e punição dos culpados, a doutrina acredita que a interpretação mais correta é no sentido de nela se encontrarem implícitos esses deveres.

Ainda, segundo a jurisprudência da Corte Interamericana, são três os deveres que os Estados condenados têm que obedecer, quando declarados na sentença: *a)* o **dever de indenizar** a vítima ou sua família; *b)* o **dever de investigar** a violação ocorrida para que fatos semelhantes não voltem a ocorrer; e *c)* o **dever de punir** os responsáveis pelas violações de direitos humanos perpetradas.

No Brasil, a responsabilidade para o pagamento da verba indenizatória às vítimas é da União Federal, que se obriga no plano interno pelos atos a que foi condenado o Estado internacionalmente. Cabe ação de regresso pela Fazenda Pública Federal pelos prejuízos sofridos decorrentes da obrigação de indenizar contra o responsável imediato pela violação de direitos humanos que deu causa à condenação internacional do Estado.

Atenção

1. As sentenças proferidas pela Corte Interamericana são internacionais e não sentenças estrangeiras! Por tal motivo, possuem eficácia imediata na ordem jurídica interna e não necessitam passar pelo procedimento homologatório das sentenças estrangeiras perante o STJ para terem exequibilidade doméstica.

Cap. 8 – Sistema Regional Interamericano de Direitos Humanos

2. As sentenças proferidas pela Corte são dotadas da autoridade da coisa julgada, devendo ser cumpridas de plano e integralmente.

EM RESUMO:

Sistema interamericano de Direitos Humanos	– Nasce em 1948. – Tem como instrumentos fundamentais a Convenção Americana sobre Direitos Humanos e a Declaração Americana dos Direitos e Deveres do Homem.
Convenção Americana sobre Direitos Humanos	**Assinatura:** 1969. **Entrada em vigor internacional:** 1978. **Ratificação pelo Brasil e entrada em vigor:** 1992 (Decreto n. 678, de 6 de novembro de 1992). **Quem pode fazer parte:** somente os Estados-membros da Organização dos Estados Americanos. **Competência da proteção:** primária dos Estados e complementar da Convenção Americana. **Destinatário:** toda pessoa física sujeita à sua jurisdição, independente da nacionalidade da vítima. Não são destinatárias as pessoas jurídicas.

Órgãos de proteção (Comissão Interamericana e Corte Interamericana)	Dois órgãos autônomos e independentes: – **Comissão Interamericana de Direitos Humanos;** – **Corte Interamericana de Direitos Humanos.**
Comissão Interamericana de Direitos Humanos	– Apresenta **funções ambivalentes**: órgão da OEA e da Convenção Americana. – Tem **funções políticas** (órgão de consulta da OEA) e **funções quase judiciais** (recebimento de denúncias ou queixas de violações de direitos humanos). – Denúncias ou queixas podem ser apresentadas por qualquer pessoa ou grupo de pessoas. – Há possibilidade de requerer **medida cautelar** de proteção. Em situações de gravidade e urgência, a medida cautelar pode ser determinada *ex officio* pela Comissão.
Corte Interamericana de Direitos Humanos	– **Tribunal supranacional interamericano**. – Possui **competência consultiva** (interpretação das disposições da Convenção) e **competência contenciosa** (julgamento de casos concretos). – Particulares e instituições privadas estão impedidos de ingressar diretamente à Corte.

Corte Interamericana de Direitos Humanos	– O caso é submetido até o conhecimento da Corte por meio da Comissão. – **Competência *ratione materiae***: a Corte pode conhecer quaisquer violações, mesmo que não alegadas anteriormente. – As sentenças proferidas pela Corte são **definitivas, inapeláveis e obrigatórias**. Tem autoridade de *res judicata* para as partes e de *res interpretata*, para terceiros Estados. – A Corte pode autorizar **"medidas provisórias"** em casos que apresentem extrema gravidade e urgência e para evitar danos irreparáveis às pessoas. Tais medidas podem ser concedidas a pedido da Comissão. – O mecanismo de **supervisão do cumprimento de sentença** permite à Corte verificar o cumprimento da sentença.
Exequibilidade doméstica das decisões da Corte Interamericana	– **Natureza: sentenças internacionais.** Não necessitam passar pelo procedimento homologatório das sentenças estrangeiras (STJ) para terem exequibilidade doméstica. – **Eficácia: imediata** na ordem jurídica interna; devem ser cumpridas de plano e integralmente.

Exequibilidade doméstica das decisões da Corte Interamericana	**– Exequibilidade:** constitui **título executivo**. **– Pagamento:** a verba indenizatória deve ser paga pela União, cabendo ação de regresso pela Fazenda Pública.

Capítulo **9**

Relações entre o Direito Internacional dos Direitos Humanos e o Direito Brasileiro

1. INTRODUÇÃO

Quando o Estado brasileiro se compromete com a sociedade internacional por meio da realização de um ato internacional (exemplo: ratificação de um tratado internacional), tal norma internacional deve ser observada pelo direito brasileiro. Todas as normas advindas do sistema global ou do sistema regional de direitos humanos de que o Brasil é parte têm a missão de impactar (positivamente) na ordem doméstica do Estado. No entanto, a interação entre a normativa internacional e as regras do Direito doméstico pode vir a gerar problemas de eficácia e aplicabilidade do Direito Internacional na ordem jurídica interna brasileira.

Duas teorias buscaram equacionar o problema no direito internacional: a **teoria dualista** e a **monista**, cada qual com seus desdobramentos. Ocorre que tais teorias não têm atualmente aptidão para resolver problemas delicados de antinomias entre os tratados internacionais de direitos humanos e o Direito interno. De fato, quando a questão das relações do Direito internacional com o Direito interno está afeta ao tema *direitos humanos* essa equalização torna-se mais complexa, pois não se trata de aplicar pura e simplesmente o Direito internacional em detrimento do Direito interno, senão de verificar qual a melhor norma (a mais favorável) a reger a questão concreta *sub judice*. Por essa razão, a teoria a ser aplicada em casos tais será a **teoria monista internacionalista dialógica**, que representa um desdobramento da teoria monista relativo às interfaces do direito internacional dos direitos humanos com o direito interno.

Para a correta compreensão do tema deve-se compreender as teorias dualista e monista e, posteriormente, a teoria monista internacionalista dialógica.

2. TEORIA DUALISTA

Segundo a corrente dualista, o Direito interno e o Direito Internacional são dois **sistemas independentes e distintos**, não tendo qualquer influência um sobre o outro. Pode-se dizer que cada sistema representaria dois círculos contíguos que não se interceptam.

Ao Direito Internacional caberia a tarefa de regular as relações entre os Estados ou entre estes e as organizações internacionais, enquanto ao Direito interno caberia a regulação da conduta do Estado com os seus indivíduos. Para os dualistas, as normas de Direito Internacional têm eficácia somente no âmbito internacional, ao passo que as normas de Direito interno só têm eficácia na ordem jurídica interna.

Para que um compromisso internacionalmente assumido pelo Estado passe a ter valor jurídico no âmbito do Direito interno,

Cap. 9 – Direito Internacional dos Direitos Humanos e o Direito Brasileiro

é necessário **incorporar** o Direito Internacional à ordem jurídica interna. Por meio da técnica da **incorporação**, um ato de algum dos Poderes internos (como o Legislativo ou o Executivo) "transforma" o ato internacional firmado (ex.: tratado internacional) em norma de Direito interno.

Quando se trata de incorporação legislativa, a norma do Direito Internacional internalizada passaria a ter o **mesmo *status* normativo** que outra norma do Direito interno, o que permitiria que um tratado internacional fosse **"revogado"** por uma lei ordinária posterior. No entanto, nenhuma Constituição brasileira jamais exigiu, além da aprovação do tratado por meio de Decreto Legislativo, a edição de uma norma específica a cargo do Congresso Nacional para o fim de materializá-lo internamente.

Por outro lado, o fato de considerar o Direito Internacional e o Direito interno dois sistemas de normas independentes um do outro e que não se tocam por nenhum meio, seria impossível cogitar a existência de qualquer **antinomia** entre eles. Assim, assumir um compromisso exterior não gera qualquer impacto ou repercussão no cenário normativo interno do Estado, servindo o compromisso assumido tão somente como fonte do Direito Internacional.

Portanto, os compromissos internacionalmente assumidos pelo Estado só terão o condão de gerar efeitos automáticos na ordem jurídica interna a partir do momento em que eles venham a se materializar na forma de uma espécie normativa típica do Direito interno, como uma emenda constitucional, uma lei ou um decreto, de forma que a simples ratificação da norma não operaria essa transformação de forma *automática*.

De tal maneira, para a corrente dualista a norma internacional só valerá quando "recebida" pelo Direito interno por meio da edição de norma prevista no Direito interno.

Atenção

Alguns autores entendem que, em razão de o STF exigir que o tratado internacional seja **promulgado internamente**, por meio de um **decreto de execução presidencial,** sem a necessidade que seja "transformado" em lei interna, seria possível afirmar a adoção da posição **dualista moderada**. Isso porque, para o STF, tal decreto executivo é o momento culminante do processo de incorporação dos tratados ao sistema jurídico brasileiro, sendo manifestação essencial e insuprimível, tendo em vista seus três efeitos básicos: *promulgação* do tratado internacional, *publicação oficial* de seu texto e a *executoriedade* do ato internacional.

Ocorre que o STF jamais conseguiu demonstrar o dispositivo constitucional que obrigaria a promulgação do tratado pelo Presidente da República. O art. 84, IV, da CF, somente se refere à promulgação e publicação das *leis* pelo Presidente da República, e não de *tratados*. Quando a Constituição quer se referir a *tratados* ela o faz expressamente, como no art. 5º, §§ 2º e 3º, e nos dispositivos relativos à sua incorporação (arts. 49, I, e 84, VIII) e a recursos excepcionais nos tribunais superiores (arts. 102, III, *b*; 105, III), dentre outros.

Importante

1. O dualismo moderado, adotado na Itália permitia, em certos casos, a aplicação do Direito Internacional internamente pelos tribunais sem que houvesse uma recepção formal do tratado na ordem interna.

Cap. 9 – Direito Internacional dos Direitos Humanos e o Direito Brasileiro

2. A doutrina dualista foi defendida no Brasil, de forma isolada, por Amilcar de Castro, para quem a ordem internacional se distingue dos sistemas jurídicos internos, levando-se em conta a aparente diversidade de suas fontes, de seus sujeitos, conteúdo e dos seus objetos.

3. Existem várias **críticas à teoria dualista**, tais como: *a)* o não cabimento da diversidade de fontes entre o Direito interno e o Direito Internacional, pois o Direito é uno e anterior à vontade dos Estados; *b)* a incongruência da admissibilidade de igual validade de duas normas aparentemente antinômicas, pois o Direito não admite a existência simultânea de duas normas contrárias a reger as mesmas matérias e os mesmos assuntos; e *c)* a referência isolada aos tratados, e não aos costumes internacionais e aos princípios gerais de direito, sendo que, estes dois últimos, são fontes formais do Direito Internacional Público (art. 38, *b* e *c*, do Estatuto da CIJ) e normalmente aplicados pelos tribunais internos.

3. TEORIA MONISTA

Segundo a corrente monista, o Direito interno e o Direito Internacional são dois ramos do Direito dentro de um só sistema jurídico. Pode-se dizer que os dois sistemas representariam dois círculos superpostos (concêntricos) em que o maior representaria o Direito Internacional que abarcaria o menor, representado pelo Direito interno.

Para a corrente monista, o Direito Internacional se **aplica diretamente** na ordem jurídica dos Estados, independentemente de qualquer "transformação", uma vez que esses mesmos Estados mantêm compromissos que somente se sustentam juridicamente por pertencerem a um sistema jurídico *uno*, baseado na identidade de sujeitos e de fontes. O Direito Internacional e o Direito interno **convergem para um mesmo todo harmônico**, em uma situação de superposição em que o Direito interno integra o Direito Internacional, retirando deste a sua validade lógica.

Para que um compromisso internacionalmente assumido passe a ter valor jurídico no âmbito do Direito interno, basta **a assinatura e ratificação de um tratado pelo Estado**, sem qualquer necessidade de incorporar legislativamente o Direito Internacional à ordem jurídica interna. Os compromissos exteriores assumidos pelo Estado, dessa forma, passam a ter aplicação *imediata* no ordenamento interno do país pactuante ("incorporação automática").

Assim, o Direito Internacional e o Direito interno formam, em conjunto, uma unidade jurídica, que não pode ser afastada em detrimento dos compromissos assumidos pelo Estado no âmbito internacional.

No Brasil, trata-se da **posição da maioria da doutrina internacionalista**, abrangendo, entre outros, doutrinadores como Haroldo Valladão, Oscar Tenório e Hildebrando Accioly.

Por outro lado, o fato de considerar o Direito internacional e o Direito interno uma unidade jurídica, dá origem a um problema de ordem hierárquica, sendo necessário entender *qual* ordem jurídica deve prevalecer em caso de conflito, se a interna ou a internacional.

Existem duas correntes a esse respeito: uns entendem que em caso de conflito entre as ordens jurídicas interna e internacional, a ordem jurídica nacional é que dirá qual ordem irá prevalecer (**monismo nacionalista**), enquanto outros acreditam que deve prevalecer o Direito Internacional em contraposição ao Direito interno (**monismo internacionalista**).

Cap. 9 – Direito Internacional dos Direitos Humanos e o Direito Brasileiro

Existe ainda uma terceira doutrina (subdivisão do monismo internacionalista) que elaboramos para o fim de resolver as questões jurídicas relativas aos conflitos entre o direito internacional dos direitos humanos e a ordem interna, que nominamos **monismo internacionalista dialógico**.

3.1. Monismo nacionalista

Em caso de conflito entre uma norma de direito internacional e uma de direito interno prevalece o que o Direito nacional do Estado decidir, pois é discricionário do Direito interno optar pela prevalência do Direito interno ou do Direito internacional. Em outras palavras, para o monismo nacionalista a prevalência de uma ou outra ordem jurídica reponta como uma faculdade discricionária do Direito interno, pois é o Texto Constitucional que dita as regras relativas à integração e ao exato grau hierárquico das normas internacionais na órbita interna. De tal forma, o arbítrio do Estado só encontra limitação no arbítrio de outro Estado, jamais nas regras do Direito Internacional Público.

Dois são os **argumentos principais** dos defensores do monismo com predomínio do Direito interno: *a*) a ausência, no cenário internacional, de uma autoridade supraestatal capaz de obrigar o Estado ao cumprimento dos seus mandamentos, sendo cada Estado o competente para determinar livremente suas obrigações internacionais, pois é ele, em princípio, juiz único da forma de executá-las, e; *b*) o fundamento puramente constitucional dos órgãos competentes para concluir tratados em nome do Estado, obrigando-o no plano internacional.

Para alguns doutrinadores, admitir tal doutrina equivale a negar o fundamento de validade do Direito Internacional e, consequentemente, a sua própria existência como ramo da ciência jurídica, já que todos os Estados se encontram dentro de uma sociedade internacional, de onde provêm as normas que estruturam o sistema internacional e regulam a conduta dos Estados em suas relações recíprocas, e também de onde nascem os limites às regras do Direito interno.

> Existem algumas **críticas à teoria monista nacionalista**, tais como: a) explica-se o fundamento do tratado, mas não de forma satisfatória o fundamento do costume; e b) se as Constituições dos Estados são as que fundamentam o Direito Internacional, não se explica como este continua a vigorar, mesmo com as modificações nelas introduzidas. O doutrinador Jorge Miranda vê esta corrente como uma forma de negação do Direito Internacional, pelo fato do fundamento de unidade do Direito Internacional encontrar-se em uma norma de Direito Interno.

3.2. Monismo internacionalista

Em caso de conflito entre uma norma de direito internacional e uma de direito interno **prevalece o Direito Internacional**, ao qual se ajustariam todas as demais ordens internas.

Segundo essa concepção, o Direito Internacional representa uma ordem jurídica hierarquicamente superior, encontrando-se no ápice da pirâmide das normas, e dele provém o Direito interno, que lhe é subordinado. O **fundamento de validade do Direito Internacional** repousa sobre o princípio *pacta sunt servanda*, que é a **norma mais elevada** da ordem jurídica internacional e da qual todas as demais normas derivam. Ainda, se as normas do Direito internacional regem a conduta da sociedade internacional, não podem elas ser revogadas unilateralmente por nenhum dos seus atores.

Portanto, em caso de conflito, a ordem jurídica interna deve sempre ceder e se adaptar às normas do Direito Internacional,

Cap. 9 – Direito Internacional dos Direitos Humanos e o Direito Brasileiro

que regulam os limites da competência da jurisdição interna dos Estados.

A **consequência** da existência de normas internas contrárias ao Direito Internacional é a configuração da **responsabilidade internacional do Estado**, que passa a ser a sanção eleita pelo sistema jurídico internacional como forma de manter o predomínio do Direito Internacional sobre o Direito interno. Daí não se admitir que uma norma de Direito interno vá de encontro a um preceito internacional, sob pena de nulidade.

O art. 27 da Convenção de Viena sobre o Direito dos Tratados (1969), ratificada pelo Brasil e promulgada pelo Decreto n. 7.030/2009, traz a posição monista internacionalista ao declarar que um Estado não pode invocar as disposições de seu direito interno para justificar o inadimplemento de um tratado.

> ## Importante
>
> A corrente **monista internacionalista**, que prega o primado absoluto do Direito Internacional sobre o Direito interno, foi abrandada pelos juristas chamados de **monistas moderados**, que negavam que a norma interna deixasse de ter validade caso contrariasse um preceito de Direito Internacional. Para eles, em caso de conflito não prevaleceria nem o Direito Internacional sobre o Direito interno, nem o Direito interno sobre o Direito Internacional, mas a concorrência entre ambas as ordens jurídicas, determinando-se a prevalência de uma em relação à outra pelo critério cronológico de solução de conflitos de leis, aplicando-se a máxima *lex posterior derogat priori*. Essa corrente não foi aceita pelas normas internacionais, especialmente as relativas a tratados internacionais.

3.3. Monismo internacionalista dialógico

A corrente monista internacionalista dialógica foi por nós desenvolvida há vários anos, pretendendo resolver a questão sobre os conflitos entre o direito internacional dos direitos humanos e o Direito interno (Mazzuoli, 2023, p. 46-49). Isso porque a solução monista internacionalista "clássica" que se acabou de ver **não resolve todos os problemas**, pois encara todas as normas internacionais sob a mesma ótica e não as diferencia pelo seu conteúdo, é dizer, pelo seu núcleo material ou substancial.

Portanto, quando em jogo o tema "direitos humanos", uma solução mais democrática (e, portanto, *transigente*) pode ser adotada, posição essa que não deixa de ser *monista*, tampouco *internacionalista*, mas refinada com *dialogismo* (que é a possibilidade de um "diálogo" entre as fontes de proteção internacional e interna, a fim de escolher qual a "melhor norma" a ser aplicada no caso concreto). Essa "melhor norma" há de ser encontrada à luz da dimensão *material* ou *substancial* das fontes de proteção em jogo, prevalecendo a que maior *peso protetivo* tiver em determinado caso concreto.

Assim, no que tange ao tema dos "direitos humanos", é possível falar na existência de um **monismo internacionalista dialógico**. Ou seja, se é certo que à luz da ordem jurídica internacional os tratados internacionais *sempre prevalecem* à ordem jurídica interna (concepção monista internacionalista *clássica*), não é menos certo que em se tratando dos instrumentos que versam direitos humanos pode haver **coexistência** e **diálogo** entre eles e as normas de Direito interno.

Em outros termos, no que tange às relações entre os tratados internacionais de direitos humanos e as normas domésticas de determinado Estado, é correto falar num "diálogo das fontes" (expressão de Erik Jayme) a título de método de resolução de antinomias, sobretudo na pós-modernidade. Os próprios tratados de direitos humanos (bem assim a prática dos organismos regionais de direitos humanos, por exemplo, da Comissão e da Corte Interamericana de Direitos Humanos) têm contemplado esse **"diálogo" internormativo** textualmente, quando exigem seja aplicada a norma "mais favorável" ao ser humano. Na Convenção Americana sobre Direitos Humanos de 1969, essa "cláusula de diálogo" se encontra no art. 29, *b*, segundo a qual nenhuma das disposições da Convenção pode ser interpretada no sentido de "limitar o gozo e exercício de qualquer direito ou liberdade que possam ser reconhecidos em virtude de leis de qualquer dos Estados-partes ou em virtude de Convenções em que seja parte um dos referidos Estados".

Ao passo que no monismo internacionalista clássico **não há preocupação com a dimensão substancial (e humana) das normas em conflito**, fazendo prevalecer sempre a norma internacional sobre a interna, independentemente do seu teor ou de sua substância, no monismo internacionalista dialógico o centro das atenções está voltado ao *ser humano* sujeito de direitos, é dizer, **à vítima da violação de direitos humanos**, razão pela qual a norma mais favorável há de ser aplicada ao caso concreto, seja ela prevista no tratado ou na norma interna. É indiferente, nesse sistema, que se aplique um tratado ou a norma de direito interno (distintamente do sistema clássico, em que o tratado deverá ser aplicado imperativamente). Necessário, nessa lógica, será perquirir qual a norma mais benéfica ao ser humano quando do exercício do controle de convencionalidade das leis, cedendo o tratado à norma interna caso seja esta a *mais favorável* à proteção dos direitos da pessoa.

Perceba-se que, no monismo internacionalista dialógico, a prevalência da norma internacional sobre a interna continua a existir mesmo quando os instrumentos internacionais de direitos humanos autorizam a aplicação da norma interna mais benéfica, visto que, nessa situação, a aplicação da norma interna no caso concreto é concessão da própria norma internacional que lhe é superior, o que estaria a demonstrar, sim, a existência de uma hierarquia normativa, típica do monismo internacionalista, porém muito **mais fluida** (transigente) e **totalmente diferenciada** da existente no Direito Internacional tradicional (como está a prever o art. 27 da Convenção de Viena de 1969).

Em outras palavras, a aplicação de uma lei doméstica (quando mais benéfica) em detrimento de um tratado de direitos humanos não deixa de respeitar ao princípio da hierarquia, pois proveio justamente de uma norma de interpretação do tratado (que consagra o "princípio da primazia da norma mais favorável ao ser humano", ou "princípio internacional *pro homine*") que lhe é hierarquicamente superior.

Aqui se trata de uma **hierarquia de valores**, ou seja, *substancial* ou *material*, em contraposição à ultrapassada hierarquia meramente *formal*, de cunho intransigente. Em suma, o monismo internacionalista ainda continua a prevalecer nessa hipótese, mas com dialogismo. Daí a nossa proposta de um monismo internacionalista *dialógico*, quando o conflito entre as normas internacionais e internas diz respeito ao tema dos "direitos humanos".

Frise-se que essa "autorização" presente nas normas internacionais de direitos humanos para que se aplique a norma *mais favorável* (que pode ser a norma interna ou a própria norma internacional, em homenagem ao "princípio internacional *pro homine*") encontra-se em certos dispositivos desses tratados que nominamos de **vasos comunicantes** (ou "cláusulas de diálogo", "cláusulas dialógicas" ou, ainda, "cláusulas de retroalimentação"), responsáveis por interligar a ordem jurídica internacional com a ordem interna, retirando a possibilidade de antinomias entre um ordenamento e outro em quaisquer casos, e fazendo com que

Cap. 9 – Direito Internacional dos Direitos Humanos e o Direito Brasileiro

tais ordenamentos (o internacional e o interno) "dialoguem" e intentem **resolver qual norma deve prevalecer no caso concreto** (ou, até mesmo, se *as duas* prevalecerão concomitantemente no caso concreto) quando presente uma situação de conflito normativo. Essa "via de mão dupla" que interliga o sistema internacional de proteção dos direitos humanos com a ordem interna (e que juridicamente se consubstancia em ditos *vasos comunicantes*) faz nascer o que também se pode chamar de **transdialogismo**. Essa, nos parece, é a tendência do direito pós-moderno no que tange às relações do Direito Internacional (dos Direitos Humanos) com o Direito interno.

> ### Importante
>
> A razão de ser da aplicação da norma mais favorável ao ser humano no conflito entre normas internacionais e internas é a particularidade dos sistemas internacionais de proteção dos direitos humanos, cuja ótica está voltada à proteção *das pessoas* (seres humanos) e não às prerrogativas dos Estados, diferentemente do Direito Internacional tradicional. A tônica dos tratados internacionais de proteção dos direitos humanos é impor *obediência* aos Estados relativamente às garantias de proteção de direitos neles consagrados, alçando os seres humanos à posição central e prioritária em seu escopo protetivo. É por essa razão que o controle de convencionalidade **não se equipara** à *mera aplicação* de tratados, pois, enquanto esta ainda se baseia no monismo internacionalista tradicional, com primazia (intransigente) da norma internacional sobre a interna, tal como previsto no art. 27 da Convenção de Viena sobre o Direito dos Tratados, aquele, por sua vez, visa alcançar um resultado sempre *pro persona*.

EM RESUMO:

Relações entre o direito internacional e o direito interno	**1. Problemática:** a interação entre a ordem internacional e a ordem interna pode vir a gerar **problemas de eficácia e aplicabilidade** do Direito Internacional na ordem jurídica interna brasileira. **2. Resolução:** duas teorias buscam resolver o problema: a teoria dualista e a monista.
Teoria Dualista	**1. Conceito:** o Direito interno e o Direito Internacional são **dois sistemas independentes e distintos**. Cada sistema representaria dois círculos contíguos que não se interceptam. **2. Sujeitos destinatários**: os Estados. **3. Aplicabilidade do compromisso internacional no Direito interno:** necessária a **incorporação legislativa** do Direito Internacional à ordem jurídica interna por meio de espécie normativa típica do Direito interno. **4. *Status* normativo:** norma internacionalizada e norma interna têm o mesmo valor. **5. Antinomia:** não há, já que os sistemas de normas são independentes um do outro.

Cap. 9 – Direito Internacional dos Direitos Humanos e o Direito Brasileiro

Teoria Monista	**1. Conceito:** o Direito interno e o Direito Internacional são **dois ramos** do Direito dentro de **um só sistema jurídico.** Os dois sistemas representariam dois círculos concêntricos em que o maior representaria o Direito Internacional que abarcaria o menor, representado pelo Direito interno.
	2. Sujeitos destinatários: os Estados.
	3. Aplicabilidade do compromisso internacional no Direito interno: basta a **assinatura e ratificação** de um tratado pelo Estado, sem qualquer necessidade de incorporar legislativamente o Direito Internacional à ordem jurídica interna.
	4. *Status* normativo: depende da corrente adotada, conforme as subdivisões do monismo (monismo nacionalista, monismo internacionalista e monismo internacionalista dialógico).
	5. Antinomia: sim, porque o Direito Internacional e o Direito interno são uma unidade jurídica, sendo necessário entender qual ordem jurídica deve prevalecer em caso de conflito (interna ou a internacional).
Monismo nacionalista	**1. Conceito:** prevalece o que o Direito nacional entender que deve prevalecer, que poderá ser o próprio Direito interno ou o Direito internacional. A prevalência de uma ou outra ordem jurídica reponta como uma faculdade discricionária do Direito interno.
	2. Sujeitos destinatários: os Estados.

Monismo internacionalista	**1. Conceito:** prevalece sempre o Direito Internacional em caso de conflito entre uma norma de Direito internacional e uma de Direito interno. **2. Sujeitos destinatários**: os Estados. **3. Aplicação:** art. 27 da Convenção de Viena sobre o Direito dos Tratados (1969).
Monismo internacionalista dialógico (relações entre o Direito Internacional dos Direitos Humanos e o Direito interno)	**1. Conceito:** prevalece a norma mais benéfica para a resolução de antinomias em temas que versem sobre direitos humanos, não importando se o Direito internacional ou o Direito interno. **2. Sujeito destinatário**: a pessoa. **3. Aplicação do "diálogo de fontes"** entre as fontes de proteção de direitos humanos internacional e interna, para a escolha da norma mais favorável (princípio *pro homine*) para a resolução da antinomia apresentada.

Capítulo 10

Incorporação dos Tratados de Direitos Humanos no Brasil

1. INTRODUÇÃO

A Constituição Federal de 1988 deu um passo importante rumo à abertura do nosso sistema jurídico em relação ao sistema internacional de proteção dos direitos humanos, trazendo regras especiais relativas aos tratados de direitos humanos nos §§ 2.º e 3.º do art. 5.º que permitem entender sua integração, eficácia e aplicabilidade na ordem jurídica brasileira.

Conforme a doutrina mais abalizada, os tratados internacionais de direitos humanos ratificados pelo Brasil têm **índole e nível constitucionais**, além de **aplicação imediata**, não podendo ser revogados por lei ordinária posterior, como se depreende da análise do § 2.º do art. 5.º da Constituição Federal:

> § 2.º Os direitos e garantias expressos nesta Constituição **não excluem outros** decorrentes do regime e dos princípios por ela adotados, ou dos **tratados internacionais em que a República Federativa do Brasil seja parte.**

Com base nesse dispositivo, entende-se, que se a Constituição de 1988 *não exclui* direitos e garantias provenientes dos tratados internacionais "em que a República Federativa do Brasil seja parte", é porque ela própria autoriza que esses direitos e garantias internacionais constantes dos tratados de direitos humanos ratificados pelo Brasil *sejam incluídos* em nosso ordenamento jurídico interno, passando a ser considerados como se escritos na Constituição estivessem (Mazzuoli, 2002, p. 233-252; Piovesan, 2011, p. 103-104). Esse processo de inclusão implica a incorporação pelo Texto Constitucional de tais direitos, ampliando o seu "bloco de constitucionalidade".

Assim, existem três vertentes de direitos e garantias individuais no texto constitucional:

a) direitos e garantias **expressos** na Constituição (art. 5.º, incisos I ao LXXVIII, da CF);

b) direitos e garantias **implícitos** nas regras de garantias e os decorrentes do regime e dos princípios pela Constituição adotados (art. 5.º, § 2.º, primeira parte, da CF);

c) direitos e garantias **inscritos nos tratados internacionais** de direitos humanos (art. 5.º, § 2.º, parte final, da CF).

Com relação à hierarquia dos tratados internacionais de direitos humanos, existiu elevada controvérsia doutrinária e jurisprudencial no Brasil. Há os que defenderam o nível **supraconstitucional** dos tratados de proteção dos direitos humanos, levando-se em conta sua caracterização como normas de *jus cogens* internacional (como o Prof. Celso D. de Albuquerque Mello). Em sede jurisprudencial, o Supremo Tribunal Federal já se posicionou pelo *status* **de lei ordinária** (*HC* 72.131/RJ), *status* **constitucional** (*HC* 82.424-2/RS) e *status* **de norma supralegal** (*RE* 466.343-SP; *RHC* 79.785-RJ).

Cap. 10 – Incorporação dos Tratados de Direitos Humanos no Brasil

Atualmente, a melhor doutrina entente que os tratados de direito humanos incorporados à ordem jurídica brasileira guardam nível de norma constitucional (material) no Brasil, mas o STF posiciona-se no sentido de que tais tratados têm nível *supralegal*.

Em virtude das controvérsias doutrinárias e jurisprudenciais existentes até então no Brasil, e com o intuito de pôr fim às discussões relativas à hierarquia dos tratados internacionais de direitos humanos no ordenamento jurídico pátrio, acrescentou-se o § 3.º do art. 5.º da Constituição, por meio da EC n. 45/2004:

> § 3.º Os tratados e convenções internacionais sobre direitos humanos que forem aprovados, em cada Casa do Congresso Nacional, em dois turnos, por três quintos dos votos dos respectivos membros, serão equivalentes às emendas constitucionais.

Atenção

A redação do art. 5.º, § 3.º da Constituição Federal é materialmente semelhante à do art. 60, § 2.º, da Constituição. Isso porque, antes da entrada em vigor da EC n. 45/2004, os tratados internacionais de direitos humanos, para serem depois ratificados, eram **exclusivamente** aprovados por **maioria simples** no Congresso, nos termos do art. 49, I, da Constituição, o que gerava inúmeras controvérsias jurisprudenciais sobre a aparente hierarquia *infraconstitucional* (*status* de normas ordinárias) desses instrumentos internacionais no nosso Direito interno.

2. PROCESSO DE CELEBRAÇÃO DE TRATADOS NA FORMA DO ART. 5.º, § 3.º, DA CONSTITUIÇÃO

O processo de celebração de tratados é trazido pela Constituição de 1988 nos arts. 84, VIII (competência privativa do Presidente da República para celebrar tratados internacionais sujeitos a referendo do Congresso Nacional) e 49, I (competência exclusiva do Congresso Nacional para resolver sobre tratados internacionais que acarretem encargos ou compromissos gravosos ao patrimônio nacional). Esse procedimento estabelecido pela Constituição **vale para todos os tratados e convenções internacionais** de que o Brasil pretende ser parte, sejam eles tratados comuns ou de direitos humanos.

A utilização dos termos imprecisos nesses dispositivos gera margem à diferentes interpretações, tanto com relação ao "momento" de aprovação qualificada dos tratados de direitos humanos quanto com relação à *matéria* a ser analisada.

No que tange à matéria, se de um lado é assegurada a competência privativa do Presidente da República para celebrar tratados internacionais, de outro lado, é de competência exclusiva do Congresso Nacional resolver sobre tratados que acarretem encargos ou compromissos gravosos ao patrimônio nacional.

Com relação ao "momento" da aprovação qualificada dos tratados de direitos humanos no Brasil, uma primeira interpretação que poderia ser feita é no sentido de que a competência do Congresso Nacional para referendar os tratados internacionais assinados pelo Executivo (art. 49, I, da CF) não fica suprimida pela regra do atual § 3.º do art. 5.º da Carta de 1988, tendo em vista que a participação do Parlamento no processo de celebração de tratados internacionais no Brasil é uma só: aquela que aprova ou não o seu conteúdo, e mais nenhuma outra.

Cap. 10 – Incorporação dos Tratados de Direitos Humanos no Brasil   **117**

Esta é a interpretação correta, pois, se o Parlamento pretender aprovar um tratado por maioria qualificada (para o fim de dar-lhe equivalência de emenda constitucional), deverá fazê-lo na fase própria do art. 49, I, da Constituição, editando um Decreto Legislativo que será aprovado por maioria qualificada (à diferença dos Decretos Legislativos comuns, aprovados por maioria simples no Congresso). No entanto, poderá o Congresso aprovar o tratado por maioria simples (sem equivalência de emenda) e deixar para **momento posterior** a decisão de atribuir ao instrumento internacional a equivalência de emenda constitucional, como preferir.

A segunda interpretação possível é no sentido de que o § 3.º do art. 5.º da Carta de 1988 substituiria a competência do Congresso Nacional para referendar os tratados internacionais assinados pelo Executivo (art. 49, I, da CF), entendimento que desvirtuaria o processo de celebração de tratados, uma vez que o § 3.º do art. 5.º não diz que cabe ao Congresso Nacional decidir sobre os tratados assinados pelo Chefe do Executivo, como faz o art. 49, I. O que o parágrafo faz é tão somente **autorizar** o Congresso Nacional a dar a "equivalência de emenda", à sua conveniência, aos tratados de direitos humanos a serem ratificados ou já incorporados pelo Brasil, não obrigando a aprovação desses tratados pelo *quorum* qualificado que estabelece.

Dessa forma, isso significa que tais instrumentos internacionais poderão continuar sendo aprovados por maioria simples no Congresso Nacional, segundo a regra do art. 49, I, da Constituição, deixando-se para **após** a ratificação a decisão parlamentar em atribuir a equivalência de emenda a tais tratados internacionais, sendo discricionária do Poder Legislativo a aprovação do tratado com ou sem este *quorum* especial. Em suma, o que se pretende deixar claro é que o Congresso Nacional **não está obrigado** a aprovar os tratados de direitos humanos por maioria qualificada, para fins de atribuir-lhes equivalência de emenda constitucional no Brasil.

Em ambas as interpretações, porém, o **decreto legislativo** do Congresso Nacional, que aprova o tratado internacional e autoriza o Presidente da República a ratificá-lo, faz-se **necessário**. Isso porque o art. 5.º, § 3.º, traz uma relação de **equivalência** e não de igualdade entre a norma do tratado de direitos humanos e as emendas constitucionais previstas no art. 60 da Constituição, sendo certo que duas coisas só se "equivalem" se forem diferentes.

Como a relação entre ambos não é de **igualdade**, mas de **equivalência**, não se aplicam aos tratados de direitos humanos os procedimentos estabelecidos pela Constituição para a aprovação das emendas, tampouco a regra constitucional sobre a iniciativa da proposta de emenda (art. 60, I a III). Isso porque a Constituição não diz que se estará aprovando uma *emenda* propriamente dita, mas um ato que possibilitará tenha o tratado depois de ratificado equivalência de emenda constitucional. As emendas constitucionais não são promulgadas pelo Presidente da República, e sim pelas Mesas da Câmara e do Senado, o que não significa que os tratados de direitos humanos aprovados por maioria qualificada não necessitem de ratificação presidencial para entrar em vigor.

Assim, tudo continua como antes da EC n. 45/2004, devendo o tratado ser aprovado pelo Congresso via edição de **decreto legislativo**, seja por maioria simples ou qualificada. Se o Parlamento aprovar, desde já, o tratado de direitos humanos por maioria qualificada (como tem sido a prática no Brasil), mesmo assim a **ratificação** do tratado pelo Presidente da República é necessária. Assim, é equívoco pensar que, após a EC n. 45, não há mais a necessidade de ratificação do tratado pelo Presidente da República e de promulgação e publicação posteriores, pelo

Cap. 10 – Incorporação dos Tratados de Direitos Humanos no Brasil **119**

fato de o Chefe do Executivo não participar da edição das emendas constitucionais. Como se disse, a comparação entre o processo de formação dos tratados e das leis é imprópria. A aprovação parlamentar do tratado de direitos humanos é total-mente diferente dos atos posteriores de **ratificação, promulgação e publicação** daquele. De tal forma, não há que se comparar o processo de celebração de tratados com o processo legislativo de edição das emendas constitucionais no país.

Assim, de acordo com as duas interpretações acima expos-tas, o *iter* (caminho) procedimental de celebração dos tratados de direitos humanos, de acordo com a sistemática do § 3.º do art. 5.º da Constituição, poderia dar-se de duas formas, eleitas livremente do Poder Legislativo:

1.ª) Após assinatura do Executivo, os tratados de direitos humanos seriam aprovados pelo Congresso por maioria simples (art. 49, I, CF) e, uma vez ratificados, promulgados e publicados, poderiam mais tarde ser novamente apreciados pelo Con-gresso, para serem aprovados pelo *quorum* qualificado do § 3.º do art. 5.º;

2.ª) Após assinatura do Executivo, tais tratados seriam imediata-mente aprovados por três quintos dos votos dos membros de cada uma das Casas do Congresso em dois turnos (art. 5.º, § 3.º, CF), ingressando em nosso ordenamento jurídico interno, com equivalência de emenda constitucional, dispen-sando-se uma segunda manifestação congressual após o tratado já estar concluído e produzindo seus efeitos. Esta tem sido a prática brasileira relativa à matéria.

No entanto, frise-se que a hipótese de considerar que **a partir** da aprovação congressual pelo *quorum* do art. 5.º, § 3.º, da CF, os tratados de direitos humanos já passam a equivaler às emendas constitucionais é equívoca, uma vez que, para que um tratado entre em vigor no plano interno é imprescindível a sua futura **ratificação** pelo Presidente da República e que já produza efeitos na órbita internacional, não se concebendo que um tratado tenha efeitos internos antes de ratificado e antes ter entrado em vigor internacionalmente. O § 3.º do art. 5.º não criou nova espécie de emenda constitucional, apenas autorizou o Parlamento a aprovar os tratados de direitos humanos com a mesma maioria com que aprova uma Emenda Constitucional.

Assim, o Congresso Nacional **pode** aprovar o tratado pelo art. 5.º, § 3.º, em sua primeira manifestação sobre o interesse de incorporação daquele instrumento à ordem jurídica brasileira, mas tal aprovação não coloca o tratado em vigor no plano interno com equivalência de emenda constitucional desde já, o que somente irá ocorrer após ser o tratado **ratificado** e desde que este já **vigore no plano internacional**.

Atenção

1. A manifestação do Congresso Nacional relativamente ao § 3.º do art. 5.º exclui as hipóteses trazidas pelo art. 60, § 1.º, do texto constitucional, segundo o qual a Constituição não poderá ser emendada na vigência de intervenção federal, de estado de defesa ou de estado de sítio.

2. A referência feita pelo art. 49, I da Constituição determinando a competência exclusiva do Congresso Nacional para resolver sobre determinados tratados, relativos à encargos ou compromissos gravosos ao patrimônio nacional **exclui** da apreciação parlamentar os tratados de direitos humanos.

3. Não há que confundir o **referendo** dos tratados internacionais (art. 49, I, da Constituição), materializado por meio de um Decreto Legislativo, aprovado por maioria simples e promulgado pelo Presidente do Senado Federal, com uma

possível segunda manifestação do Congresso para decisão do *status* hierárquico dos tratados internacionais de direitos humanos no ordenamento jurídico brasileiro (art. 5.º, § 3.º, da CF).

4. A equivalência dos tratados de direitos humanos em relação às emendas constitucionais trazidas pelo § 3.º do art. 5.º da CF em nada altera os atos posteriores de **ratificação, promulgação** e **publicação** do tratado de direitos humanos, não havendo que se comparar o processo de celebração de tratados com o processo legislativo de edição das emendas constitucionais no país. O fato de o Chefe do Executivo não participar da edição das emendas constitucionais não altera a necessidade de ratificação do tratado pelo Presidente da República e de promulgação e publicação posteriores.

3. HIERARQUIA CONSTITUCIONAL DOS TRATADOS DE DIREITOS HUMANOS INDEPENDENTEMENTE DE APROVAÇÃO QUALIFICADA

Aqui se irá analisar o tema sob a perspectiva doutrinária, que tem alocado os tratados de direitos humanos ratificados pelo Brasil no nível das normas constitucionais, independentemente de aprovação qualificada pelo Congresso Nacional. Dessa análise nasce uma diferença (muito sutil) entre os tratados de direitos humanos com *status* **constitucional** e aqueles **equivalentes às emendas constitucionais**.

Conforme a doutrina que defendemos os tratados internacionais de direitos humanos ratificados pelo Brasil já têm *status* **de norma constitucional**, em virtude do disposto no § 2.º do art. 5.º da Constituição, pois, na medida em que a Constituição **não exclui** os direitos humanos provenientes de tratados, é porque ela própria **os inclui** dentre os direitos por ela protegidos, ampliando o seu "bloco de constitucionalidade". Portanto, já se exclui o entendimento de que os tratados de direitos humanos não aprovados pela maioria qualificada do § 3.º do art. 5.º equivaleriam à lei ordinária federal, até porque tal parágrafo em nenhum momento atribui *status* de lei ordinária aos tratados não aprovados pela maioria qualificada.

Os dois referidos parágrafos do art. 5.º da Constituição cuidam de coisas similares, mas diferentes. Enquanto o *quorum* que o § 3.º do art. 5.º estabelece serve tão somente para atribuir eficácia constitucional **formal** a esses tratados no nosso ordenamento jurídico interno, § 2.º do art. 5.º da Constituição atribui a esses tratados índole constitucional **material**. Falar que um tratado tem "*status* de norma constitucional" é o mesmo que considerar que ele integra o bloco de constitucionalidade material da nossa Carta Magna, ao passo que dizer que ele é "*equivalente* a uma emenda constitucional", significa que esse mesmo tratado já integra formalmente, além de materialmente, o bloco de constitucionalidade.

Assim, o que o texto constitucional reformado pretendeu dizer é que os tratados de direitos humanos ratificados pelo Brasil, que já têm *status* de norma constitucional (§ 2.º do art. 5.º), poderão ainda ser *formalmente* constitucionais (ou seja, ser *equivalentes* às emendas constitucionais), desde que, depois de sua entrada em vigor, sejam aprovados pelo *quorum* do § 3.º do art. 5.º da Constituição.

4. EFEITOS DOS TRATADOS "EQUIVALENTES ÀS EMENDAS CONSTITUCIONAIS"

Os efeitos dos tratados de direitos humanos equivalentes às emendas constitucionais (art. 5.º, § 3.º) são mais amplos que

Cap. 10 – Incorporação dos Tratados de Direitos Humanos no Brasil

aqueles decorrentes dos tratados que detêm somente *status* de norma constitucional (art. 5.º, § 2.º). São três os efeitos:

1) eles passarão a **reformar** a Constituição, o que não é possível no caso dos tratados com o *status* de norma constitucional, mas não equivalentes às emendas constitucionais;

2) eles não poderão ser **denunciados**, podendo ser o Presidente da República responsabilizado em caso de descumprimento dessa regra, o que não é possível fazer no caso dos tratados de *status* de norma constitucional;

3) eles serão **paradigma do controle concentrado de convencionalidade**, podendo servir de fundamento para propositura de ações do controle abstrato de normas perante o STF, a fim de invalidar *erga omnes* as leis domésticas com eles incompatíveis.

Vejamos, então, cada um desses efeitos dos tratados equivalentes às emendas constitucionais separadamente, compreendendo os detalhes de cada qual e as questões jurídicas que lhe são próprias.

4.1. Reforma da Constituição

A primeira consequência em atribuir equivalência de emenda constitucional a um tratado de direitos humanos é a de que eles passarão a reformar a Constituição. Uma vez aprovado o tratado pelo *Quórum* previsto pelo § 3.º, opera-se a imediata reforma do texto constitucional conflitante, o que não ocorre pela sistemática do § 2.º do art. 5.º, em que os tratados de direitos humanos serão aplicados atendendo ao *princípio da primazia da norma mais favorável ao ser humano* (princípio internacional *pro homine* ou *pro persona*).

Ao reformar a Constituição, os tratados de direitos humanos ratificados pelo Brasil passam a **integrá-la formalmente**, dado que equivalentes às emendas constitucionais, o que não interfere na integração **material** que esses mesmos instrumentos já apresentam desde a sua ratificação e entrada em vigor no Brasil. Assim, quer tenham sido ratificados anterior ou posteriormente à EC n. 45/2004, os tratados de direitos humanos em vigor no país têm *status* de norma materialmente constitucional, mas somente os aprovados pela maioria qualificada do art. 5.º, § 3.º, terão *status* material e formalmente constitucional.

Atribuir equivalência de emenda aos tratados internacionais de direitos humanos pode ser arriscado nos casos em que a Constituição é **mais benéfica** em determinada matéria que o tratado ratificado. Nestes casos, seria muito mais salutar se se admitisse o "*status* de norma constitucional" desse tratado (§ 2.º do art. 5.º), sendo o problema resolvido aplicando-se o *princípio da primazia da norma mais favorável ao ser humano*. Isso porque, às vezes, certo dispositivo de determinado tratado não afasta nenhum direito ou garantia individual previsto no texto constitucional, mas traz tal direito ou garantia de forma **menos protetora**, como é o caso da prisão civil do devedor de alimentos.

Segundo a Constituição de 1988 (art. 5.º, LXVII), somente se permite a prisão do devedor de alimentos se for ele responsável pelo inadimplemento "**voluntário e inescusável**" da obrigação alimentar. Perceba-se a adjetivação restringente da Constituição. Assim, se a obrigação alimentar inadimplida for escusável, não haveria que falar em prisão. Diferentemente, a redação dada pela Convenção Americana sobre Direitos Humanos admite a possibilidade de expedição de mandados de prisão sem condicionantes, desde que por autoridade competente e "em virtude de inadimplemento de obrigação alimentar" (art. 7, n.º 7). Nesse caso, a nossa Constituição é claramente **mais benéfica** que o

Cap. 10 – Incorporação dos Tratados de Direitos Humanos no Brasil

125

Pacto de San José e, por isso, seria prejudicial ao nosso sistema reformá-la em benefício da aplicação do tratado. Aplicando-se o princípio da *primazia da norma mais favorável* isso não ocorreria.

> **Atenção**
>
> Existe certa divergência na doutrina com relação ao *status* das normas introduzidas pelos tratados de direitos humanos antes e após a EC n. 45/2004. Flávia Piovesan entende que os tratados ratificados pelo Brasil **antes** da promulgação da EC n. 45/2004 são normas **material e formalmente constitucionais**, sendo que os ratificados **após** a EC n. 45 seriam **apenas materialmente constitucionais**, devendo então ser aprovados pelo § 3.º do art. 5.º para serem também formalmente constitucionais. Diferentemente, nós entendemos que os tratados de direitos humanos em vigor no país, quer tenham sido ratificados anterior ou posteriormente à EC n. 45/2004, têm *status* de norma materialmente constitucional, sendo que somente os aprovados pelo *quorum* qualificado do art. 5.º, § 3.º, terão *status* material *e* formalmente constitucional.

> **Importante**
>
> Antônio Augusto Cançado Trindade – que foi juiz da Corte Interamericana de Direitos Humanos (OEA) e da Corte Internacional de Justiça (ONU) – capitaneou a posição de aplicabilidade do princípio da *primazia da norma mais favorável* para os tratados de direitos humanos ratificados pelo Brasil para evitar prejuízo ao nosso sistema de direitos e garantias mediante a aplicação, em caso de conflito

entre o tratado e o texto constitucional, da norma que, no caso, mais proteja os direitos da pessoa humana, mecanismo também chamado de **"diálogo das fontes"** por Erik Jayme, que implica na harmonização entre fontes heterogêneas que não se excluem mutuamente (tratados internacionais, textos constitucionais etc.), mas, ao contrário, se "comunicam" umas com as outras para resolução da situação de antinomia.

4.2. Impossibilidade de denúncia

A segunda consequência em atribuir aos tratados de direitos humanos equivalência às emendas constitucionais implica na impossibilidade de denúncia dos tratados, mesmo que os tratados de direitos humanos prevejam expressamente essa possibilidade, podendo o Presidente da República ser responsabilizado por crimes de responsabilidade (art. 85, III) caso os denuncie. Isso porque tais tratados equivalem às emendas constitucionais, que são, em matéria de direitos humanos, **cláusulas pétreas** do texto constitucional.

No entanto, apesar de em ambos os casos (§§ 2.º e 3.º do art. 5.º) os tratados de direitos humanos ratificados pelo Brasil serem cláusulas pétreas constitucionais, apenas quando internalizados pela sistemática do art. 5.º, § 3.º, tais instrumentos serão insuscetíveis de denúncia, quer no plano internacional, quer no plano interno, pois guardam equivalência *formal* ao texto constitucional, atraindo as garantias atinentes às normas constitucionais *stricto sensu*.

Somente nestes casos pode o Presidente da República ser responsabilizado, na medida em que tais instrumentos internacionais passam a integrar formalmente a própria Constituição, ofendendo tanto o próprio texto constitucional como o exercício

Cap. 10 – Incorporação dos Tratados de Direitos Humanos no Brasil

dos direitos políticos, individuais e sociais (art. 85, III, da CF). No caso do art. 5.º, § 2.º, o ato da denúncia, para os que admitem sua possibilidade, é válida no âmbito internacional, mas não no âmbito interno, uma vez que os tratados já se encontram petrificados no nosso sistema de direitos e garantias, importando tal denúncia apenas em livrar o Estado brasileiro de responder pelo cumprimento do tratado no âmbito internacional.

No que concerne ao sujeito do ato da denúncia, esta não poderá ser realizada pelo Presidente da República unilateralmente, nem sequer por meio de Projeto de Denúncia enviado ao Congresso Nacional, mesmo que um tratado de direitos humanos preveja expressamente.

O STF decidiu em um caso envolvendo a aplicação das convenções da OIT (ADI 1625-DF) que os tratados internacionais necessitam de aprovação do Congresso Nacional para que sejam denunciados, quebrando, assim, a prática de anos a fio seguida pelo direito brasileiro que não exigia aprovação parlamentar para a denúncia dos tratados. A maioria do colegiado acompanhou a proposta do Relator entendendo ser inconstitucional a denúncia unilateral de tratados pelo Presidente da República apenas a partir da publicação da ata do julgamento da ação, mantendo, no entanto, a eficácia de atos de denúncia praticados até aquele momento no Brasil, em nome da segurança jurídica.

> **Importante**
>
> 1. Fábio Konder Comparato também defende a impossibilidade de denúncia dos tratados de direitos humanos, porém, sob o argumento de que em matéria de tratados internacionais de direitos humanos se está diante de direitos indisponíveis e, correlatamente, de deveres insuprimíveis.

2. Para Pontes de Miranda, a denúncia pelo Poder Executivo, sem consulta, nem aprovação do Poderes Legislativo é subversivo dos princípios constitucionais. Do mesmo modo que o Presidente da República necessita da aprovação do Congresso Nacional, dando a ele permissão para ratificar o acordo, o mais correto, consoante as normas constitucionais em vigor, seria que idêntico procedimento parlamentar fosse aplicado em relação à denúncia.

3. O STF seguiu a posição de Pontes de Miranda na ADI 1624-DF para rechaçar a tese da possibilidade de denúncia unilateral dos tratados, levada a cabo pelo Presidente da República.

4.3. Tratados como paradigma do controle concentrado de convencionalidade

Os tratados de direitos humanos equivalentes às emendas constitucionais passam a ser paradigma do **controle concentrado de convencionalidade**, podendo servir de fundamento para que os legitimados do art. 103 da Constituição proponham no STF as ações do controle abstrato, a fim de invalidar *erga omnes* as normas domésticas com eles incompatíveis.

5. HIERARQUIA CONSTITUCIONAL DOS TRATADOS DE DIREITOS HUMANOS INDEPENDENTEMENTE DA DATA DE SUA RATIFICAÇÃO (ANTES OU DEPOIS DA EC N. 45/2004)

O fato de os tratados de direitos humanos possuírem *status* de norma constitucional independentemente da regra do § 3.º do art. 5.º da Constituição implica em dizer – conforme a orientação doutrinária que adotamos – que tal *status* vale tanto para

Cap. 10 – Incorporação dos Tratados de Direitos Humanos no Brasil

os tratados ratificados pelo Brasil antes da entrada em vigor da EC n. 45/2004 quanto para aqueles ratificados depois dela.

De tal sorte, tais tratados são **materialmente constitucionais**, independentemente se anteriores ou posteriores à EC n. 45, mas só serão **formalmente constitucionais** se aprovados pela maioria de votos estabelecida pelo art. 5.º, § 3.º, da Constituição. No primeiro caso (materialmente constitucionais), os tratados são paradigma do controle **difuso** de convencionalidade, ao passo que no segundo caso (*material e formalmente constitucionais*) são também paradigma do controle **concentrado** de convencionalidade (além do difuso).

Não importa, portanto, o momento em que o tratado de direitos humanos foi ratificado, se antes ou depois da EC n. 45/2004: em ambos os casos o tratado terá *status* (no mínimo) de norma constitucional por integrar o núcleo material do **bloco de constitucionalidade**. O tratado ratificado após a EC n. 45 não perde o *status* de norma materialmente constitucional que ele já tem em virtude do art. 5.º, § 2.º, da Constituição.

> ### Importante
>
> Com o advento da EC n. 45, alguns doutrinadores, como Francisco Rezek e Flávia Piovesan, defenderam a tese de que os tratados anteriores à EC n. 45 seriam *recebidos* pela ordem constitucional vigente com o mesmo *status* de emenda estabelecido pelo *quorum* qualificado determinado no § 3.º do art. 5.º em relação aos tratados de direitos humanos. Aplicar-se-ia ao caso o fenômeno da "recepção de normas" com mudança de *status*, como exemplo do Código Tributário Nacional que, embora tenha sido aprovado com *quorum* de lei ordinária, foi recepcionado pela Constituição de 1988 com *status* de lei complementar, por ter a

nova Carta (art. 146, III) estabelecido que as normas gerais em matéria de legislação tributária só poderão ser criadas mediante a edição de tal espécie normativa. Segundo esse raciocínio, os tratados de direitos humanos ratificados posteriormente à EC n. 45/2004 teriam hierarquia infraconstitucional, como sustentam os Ministros do STF. Entendemos não ser possível utilizar a teoria da recepção de normas para este caso, pois a Constituição não estabelece norma que autoriza esse entendimento, diferentemente do que faz com as normas tributárias no país.

6. APLICAÇÃO IMEDIATA DOS TRATADOS DE DIREITOS HUMANOS

Conforme a mesma orientação doutrinária acima exposta, os tratados de direitos humanos já ratificados ou que vierem a ser ratificados também conservaram sua aplicação imediata (§ 1.º do art. 5.º) independentemente da regra do § 3.º, art. 5.º, da Constituição, acrescentada pela EC n. 45/2004.

Isso porque a regra do art. 5.º, § 1.º da Constituição, que garante aplicação imediata às normas definidoras dos direitos e garantias fundamentais não induz a pensar que os tratados de direitos humanos só terão tal aplicabilidade imediata depois de aprovados pelo Congresso Nacional pelo *quorum* estabelecido no § 3.º do art. 5.º. Ao contrário, a Constituição é expressa em dispor que as normas definidoras dos direitos e garantias fundamentais têm **aplicação imediata**, independentemente de serem ou não aprovadas por maioria qualificada.

Isso significa dizer que os tratados internacionais de direitos humanos ratificados pelo Brasil podem ser **imediatamente aplicados** pelo Poder Judiciário, com *status* de **norma constitucional**,

Cap. 10 – Incorporação dos Tratados de Direitos Humanos no Brasil

independentemente de promulgação e publicação no *Diário Oficial da União* e de serem aprovados de acordo com a regra do § 3.º do art. 5.º. Diferentemente, os tratados **comuns** exigem a promulgação e a publicação para que tenham aplicabilidade interna.

Portanto, eventual falta de promulgação e publicação dos tratados de direitos humanos pelo governo não pode ser motivo para impedir aos cidadãos o acesso à justiça, uma vez que o tratado em causa já se encontra ratificado pelo Estado, já fazendo o Brasil **parte** dessa normativa (art. 5.º, § 2.º, da CF). Tais tratados, de forma idêntica ao que se defendia antes da reforma constitucional de 2004, continuam dispensando a edição de decreto de execução presidencial e ordem de publicação para que irradiem seus efeitos nas ordens internacional e interna, uma vez que têm aplicação imediata no sistema jurídico brasileiro.

Assim, além de o § 3.º do art. 5.º não prejudicar o *status* constitucional que os tratados internacionais de direitos humanos em vigor no Brasil já têm de acordo com o § 2.º desse mesmo artigo, ele também não prejudica a aplicação imediata dos tratados de direitos humanos já ratificados ou que vierem a ser ratificados pelo nosso país no futuro.

> **Atenção**
>
> Os tratados internacionais de direitos humanos ratificados pelo Brasil podem ser **imediatamente aplicados** pelo nosso Poder Judiciário, pois possuem *status* de **norma constitucional**, e por isso independem de promulgação e publicação no Diário Oficial da União para surtirem efeitos.

7. TRATADOS DE DIREITOS HUMANOS COMO PARADIGMAS À FEDERALIZAÇÃO DAS GRAVES VIOLAÇÕES DE DIREITOS HUMANOS: O INCIDENTE DE DESLOCAMENTO DE COMPETÊNCIA (CF, ART. 109, V-A E § 5.º)

Em hipótese de grave violação de direitos humanos, a alteração trazida pela EC n. 45/2004, modificando o artigo 109 da Constituição, passou a permitir que nas causas relativas a **direitos humanos** (art. 109, inciso V-A, da CF) o Procurador-Geral da República suscite perante o STJ, em qualquer fase do inquérito ou processo, o **incidente de deslocamento de competência** (IDC) da Justiça Estadual para a **Justiça Federal**, com a finalidade de assegurar o cumprimento das obrigações decorrentes de tratados internacionais de direitos humanos dos quais o Brasil seja parte (art. 109, § 5.º, da CF). O único legitimado para tal é o Procurador-Geral da República.

Dessa maneira, a EC n. 45/2004 autorizou que nos casos de **grave** violação de direitos humanos se possa "federalizar" a questão em juízo, deslocando a competência da causa, inicialmente afeta à Justiça Estadual, para a Justiça Federal. Frise-se que a responsabilidade primária no tocante aos direitos humanos é dos Estados-membros da federação, enquanto a responsabilidade subsidiária passa a ser da União.

Tal **federalização** das graves violações de direitos humanos tem dupla finalidade:

a) **preventiva:** induzir o Judiciário Estadual a zelar mais eficazmente pelo cumprimento dos tratados de direitos humanos dos quais o Brasil é parte, por meio de medidas destinadas a impedir a impunidade sob o risco do deslocamento da competência; e

Cap. 10 – Incorporação dos Tratados de Direitos Humanos no Brasil

b) **repressiva:** demonstrar eventual ineficácia das instâncias estaduais em lidar com questões graves de violação de direitos humanos.

O impacto do instituto da federalização nas instâncias judiciais brasileiras se dá no aperfeiçoamento do grau de respostas institucionais nas diversas instâncias federativas. Para os Estados-federados cujas instituições responderem de forma eficaz às violações, a federalização não terá incidência maior. Ao revés, para os Estados-federados cujas instituições se mostrarem falhas, ineficazes ou omissas, estará configurada a hipótese de deslocamento de competência para a esfera federal.

Os pressupostos necessários à procedência do IDC foram estabelecidos pelo STJ, quais sejam:

a) a existência de **grave violação real e efetiva** a direitos humanos;

b) o **risco de responsabilização internacional** do Brasil, decorrente do descumprimento de obrigações jurídicas assumidas em tratados internacionais; e

c) a evidência de que os órgãos do sistema estadual de justiça **não demonstram condições** de seguir no desempenho da função de apuração, processamento e julgamento do caso com a devida isenção.

> ### Importante
>
> 1. O incidente de deslocamento de competência não representa novidade no Direito brasileiro, eis que similar à figura do "desaforamento" do Tribunal do Júri, prevista no art. 427 do Código de Processo Penal.

2. Cabe ao Procurador-Geral da República qualificar a existência do que entende por **grave violação** de direitos humanos, baseado em disposições de tratados internacionais de direitos humanos ratificados e em vigor no Brasil. Tal, como se nota, é um exercício de exame de convencionalidade que a Constituição de 1988 deixa a cargo do chefe do Ministério Público da União, porém com encadeamento necessário a outro núcleo de controle, qual seja, o Superior Tribunal de Justiça.

Você precisa ler

Para saber mais sobre os pressupostos necessários à procedência do IDC pelo STJ, ver IDC n. 2-DF (2009/0121262-6) e IDC n. 21-RJ (2019/0271963-5) - *Caso Favela Nova Brasília.*

8. INTERPRETAÇÃO DOS TRATADOS DE DIREITOS HUMANOS E PRINCÍPIO *PRO HOMINE*

À medida que os tratados de direitos humanos não são normas de direito internacional tradicionais, sua interpretação, distinta da lógica tradicional das relações apenas entre Estados, há que ser realizada levando em consideração novos modelos jurídicos de interpretação, voltados, sobretudo, à proteção do **indivíduo.**

Assim, a interpretação deve levar sempre em conta a norma **mais favorável** ao ser humano, tendo como paradigma o princípio internacional *pro homine* ou *pro persona* (princípio da primazia da norma mais favorável às vítimas). Por meio desse princípio, o intérprete e o aplicador do direito devem optar pela norma que mais projeta o ser humano sujeito de direitos em um dado

Cap. 10 – Incorporação dos Tratados de Direitos Humanos no Brasil

caso concreto. Isso porque o indivíduo, vítima da violação de direitos humanos, é sempre a parte **mais vulnerável** na relação com o Estado, demandando, só por isso, uma interpretação **mais favorável** aos seus interesses. Assim, a maior vulnerabilidade da pessoa atrai a interpretação mais favorável a ela.

Os tratados contemporâneos sobre direitos humanos já contêm "**cláusulas dialógicas**" que fazem operar entre a ordem internacional e a interna um "diálogo" tendente a proteger *sempre mais* o indivíduo sujeito de direitos. Exemplo dessa cláusula é o art. 29, *b*, da Convenção Americana sobre Direitos Humanos, que impede interpretações de disposições da Convenção no sentido de limitar o exercício de qualquer direito ou liberdade que possam ser reconhecidos em virtude de leis de qualquer dos Estados-partes ou em virtude de Convenções em que seja parte um dos Estados em questão.

Logo, o princípio **_pro homine_** é princípio de interpretação **obrigatório** para todos os tratados de direitos humanos. Aqui também tem lugar o princípio da **vedação do retrocesso**, segundo o qual as normas de proteção, sejam elas internacionais ou internas, devem assegurar sempre mais direitos às pessoas, não podendo retroceder.

9. CONCLUSÕES ACERCA DO PROCEDIMENTO BRASILEIRO DE INCORPORAÇÃO DE TRATADOS INTERNACIONAIS: "SISTEMA ÚNICO DIFERENCIADO"

O ordenamento constitucional brasileiro se relaciona de maneira **diferenciada** com os tratados internacionais de proteção dos direitos humanos em relação à sua incorporação e à dos tratados tradicionais.

Para a incorporação dos tratados de proteção dos direitos humanos é desnecessária a edição de decreto de execução presidencial a fim de materializá-los internamente, em razão de sua aplicação imediata no Direito brasileiro (art. 5.º, § 1.º, da CF). Para os tratados tradicionais, faz-se necessária promulgação pelo Poder Executivo para que surtam efeitos internos. Na prática, o Poder Executivo tem emitido corretamente os decretos de promulgação de tratados em prazo razoável. No entanto, se por algum motivo não houver a edição de tal decreto, o cidadão que tem no tratado a garantia de um direito seu não pode ficar impedido do acesso à justiça à conta desse hiato normativo.

Trata-se de um **sistema único diferenciado**, com regimes jurídicos distintos combinados para ambos os tipos de tratados em um mesmo procedimento de incorporação: um regime aplicável aos tratados internacionais de proteção dos direitos humanos (**incorporação imediata após a ratificação**), e outro aplicável aos tratados tradicionais (**incorporação mediante promulgação pelo Poder Executivo, após a ratificação**).

Embora com regimes jurídicos distintos em relação à irradiação de seus efeitos na ordem jurídica interna, o procedimento para a incorporação é o mesmo, visto que para que sejam incorporados ao Direito brasileiro necessárias se fazem (a) a **assinatura** pelo Presidente da República, (b) a **aprovação congressual** e (c) **ratificação**. A promulgação de tratados é apenas uma praxe no Brasil, que vem desde o primeiro tratado internacional celebrado no Império, não havendo norma constitucional a regular a matéria.

Em suma, no que tange à incorporação dos tratados na ordem jurídica brasileira, a Constituição de 1988 estabeleceu um "sistema único diferenciado" de integração dos atos internacionais: um aplicável aos **tratados comuns** (incorporação mediante promulgação pelo Poder Executivo, depois de ratificados) e outro aplicável aos **tratados de direitos humanos** (incorporação imediata após a ratificação).

Cap. 10 – Incorporação dos Tratados de Direitos Humanos no Brasil

> **Atenção**
>
> O procedimento para incorporação de tratados é *único* e não **misto**, já que é o mesmo para ambos os tipos de tratados (de direitos humanos ou comuns). O que se poderia denominar de misto é o sistema adotado pela Constituição no que tange à **hierarquia** dos tratados internacionais, e não no que se refere ao **procedimento de incorporação** desses mesmos tratados.

Hierarquicamente, no Direito brasileiro, os tratados internacionais diferem-se uns dos outros pelo grau hierárquico que o texto constitucional lhes confere: os tratados tradicionais têm hierarquia infraconstitucional, e os de proteção dos direitos humanos, hierarquia constitucional (art. 5.º, § 2.º, da CF), conforme a orientação doutrinária que seguimos. Para o STF os tratados comuns guardam nível de lei ordinária no Brasil, e os de direitos humanos têm nível supralegal em nossa ordem jurídica.

EM RESUMO:

Introdução	– **Fundamentação jurídica dos tratados internacionais de direitos humanos**: art. 5.º, §§ 2.º e 3.º, da Constituição. – ***Status* e aplicabilidade**: *status* constitucional (art. 5.º, § 2.º, da CF) e aplicação imediata (art. 5.º, § 1.º, da CF). – **Extensão:** inclusão na Constituição dos direitos humanos provenientes de tratados.

Introdução	– **Efeito da inclusão:** ampliação do "bloco de constitucionalidade". – **Hierarquia:** – *status* **supraconstitucional** (normas de *jus cogens* internacional); – *status* **constitucional**; – *status* **supralegal**; – *status* de **lei ordinária.**
Processo de celebração de tratados na forma do art. 5.º, § 3.º, da Constituição	– **Fundamentação jurídica do processo de celebração**: arts. 84, VIII e 49, I da CF. – **Momento de celebração**: **a.** após assinatura do Executivo, tratados de direitos humanos aprovados pelo Congresso por maioria simples (art. 49, I, da CF), podendo no futuro ser novamente apreciados pelo Congresso, para aprovação pelo *quorum* qualificado do § 3.º do art. 5.º; **b.** após assinatura do Executivo, tratados aprovados pelo procedimento do art. 5.º, § 3.º, da CF, e ingresso no ordenamento jurídico interno com equivalência de emenda constitucional, dispensando-se uma segunda manifestação congressual.

Processo de celebração de tratados na forma do art. 5.º, § 3.º, da Constituição	**– Art. 5.º, § 3.º, CF: relação de equivalência e não de igualdade** entre a norma do tratado de direitos humanos e às emendas constitucionais. Decreto legislativo do Congresso Nacional é **necessário**, assim como o ato posterior da ratificação, sem o que o tratado não surte efeitos no Brasil.
Hierarquia constitucional dos tratados de direitos humanos independentemente de aprovação qualificada	**Características:** – Hierarquia constitucional e **eficácia material** constitucional → tratado tem *status* de norma materialmente constitucional (art. 5.º, § 2.º, da CF) – Hierarquia constitucional e **eficácia formal** constitucional → tratado tem *status* material e formalmente constitucional (art. 5.º, § 3.º, da CF).
Efeitos dos tratados "equivalentes às emendas constitucionais"	1) **Reformam** a Constituição; 2) Não podem ser **denunciados**; 3) Paradigma do **controle concentrado de convencionalidade.**
a) Reforma da Constituição	**– Efeitos concretos:** tratados de direitos humanos passam a ser equivalentes às emendas constitucionais e a **integrar formalmente** a Constituição. **– Divergência na doutrina:** *status* das normas introduzidas pelos tratados de direitos humanos antes e após a EC n. 45/2004.

b) Impossibilidade de denúncia	**Tratados não podem ser denunciados,** podendo ser o Presidente da República ser responsabilizado em caso de descumprimento dessa regra.
c) Tratados como paradigma do controle concentrado de convencionalidade	São paradigma do **controle concentrado de convencionalidade**, servindo de fundamento para propositura de ações do controle abstrato de normas perante o STF, a fim de invalidar *erga omnes* as normas domésticas com eles incompatíveis.
Hierarquia constitucional dos tratados de direitos humanos independentemente da data de sua ratificação (antes ou depois da EC n. 45/2004)	– **Hierarquia constitucional** independentemente se tratado de direitos humanos foi ratificado antes ou depois da EC n. 45/2004. – Tratados **materialmente constitucionais:** paradigma do controle **difuso** de convencionalidade. – Tratados **material e formalmente constitucionais:** paradigma do controle **concentrado** de convencionalidade (para além do difuso).
Aplicação imediata dos tratados de direitos humanos	– **Aplicação imediata** pelo Poder Judiciário, pois possuem *status* de **norma constitucional.** – Independem de promulgação e publicação no *Diário Oficial da União* para surtirem efeito.

Os tratados de direitos humanos como paradigmas à federalização das graves violações de direitos humanos: o incidente de deslocamento de competência (CF, art. 109, V-A e § 5.º)	– **Conceito:** deslocamento de competência da causa da Justiça Estadual para a Justiça Federal. – **Finalidade:** assegurar o cumprimento das obrigações decorrentes de tratados internacionais de direitos humanos dos quais o Brasil seja parte (art. 109, § 5.º, da CF). – **Legitimado**: Procurador-Geral da República. – **Pressupostos** (estabelecidos pelo STJ): *a)* existência de **grave violação real e efetiva** a direitos humanos; *b)* **risco de responsabilização internacional** do Brasil, decorrente do descumprimento de obrigações jurídicas assumidas em tratados internacionais; e *c)* evidência de que os órgãos do sistema estadual **não mostram condições** de seguir no desempenho da função de apuração, processamento e julgamento do caso com a devida isenção.
Interpretação dos tratados de direitos humanos e o princípio *pro homine*	– **Interpretação:** deve levar em conta a norma mais favorável ao ser humano. – **Princípio de interpretação obrigatório:** princípio *pro homine* ou *pro persona* (primazia da norma mais favorável ao ser humano).

Conclusões acerca do procedimento brasileiro de incorporação de tratados internacionais: "sistema único diferenciado"	**– Sistema único dos tratados**: procedimento único de incorporação dos tratados no ordenamento jurídico: assinatura pelo Presidente da República, aprovação congressual e ratificação. **– Regimes jurídicos distintos:** *a)* tratados internacionais de direitos humanos: incorporação imediata após a ratificação; *b)* tratados tradicionais: incorporação mediante promulgação pelo Poder Executivo, após a ratificação.

Capítulo **11**

Controle de Convencionalidade

1. INTRODUÇÃO

O Brasil faz parte de inúmeros tratados internacionais de direitos humanos pertencentes tanto ao âmbito da ONU como da OEA, os quais exercem grande impacto e influência na ordem jurídica interna, exatamente por imporem aos seus Estados-partes sérias obrigações e responsabilidades atinentes à proteção dos direitos humanos *lato sensu*.

A Constituição Federal de 1988 recepciona os tratados internacionais de direitos humanos – já se viu no Capítulo anterior – com **hierarquia diferenciada**, tornando-os documentos *especiais* relativamente à proteção desses direitos na ordem jurídica interna. O STF já reconheceu que os tratados de direitos humanos guardam hierarquia (no mínimo) supralegal no Brasil (RE 466.343-SP). Assim sendo, todos esses instrumentos internacionais são paradigmas de controle da produção e da aplicação das leis nacionais, ao que se denomina **controle de convencionalidade das leis** (*v.* Mazzuoli, 2018).

O controle de convencionalidade representa a técnica de **compatibilização vertical** (sobretudo *material*) das normas do direito interno, tendo como paradigmas os tratados internacionais de direitos humanos **mais benéficos** em vigor na ordem jurídica estatal.

No Brasil, os tratados de direitos humanos incorporados ao direito interno ou são **materialmente** constitucionais (art. 5.º, § 2.º), ou **material e formalmente** constitucionais (art. 5.º, § 3.º). Assim sendo, o clássico controle de constitucionalidade passa a dividir espaço com esse novo tipo de controle da produção e da aplicação da normatividade interna, que tem como espelho as convenções internacionais de direitos humanos incorporadas na ordem interna e em vigor internacional.

O controle de **constitucionalidade** propriamente dito é cabível quando existe **afronta à Constituição**, ou seja, em caso de incompatibilidade vertical das leis com o texto constitucional. Por sua vez, o controle de **convencionalidade** é cabível quando existe **afronta aos tratados de direitos humanos** incorporados ao direito brasileiro, ou seja, em caso de incompatibilidade vertical material das leis com os tratados de direitos humanos mais benéficos em vigor no Estado.

Registre-se aqui uma observação importante: ainda que os tratados de direitos humanos sejam **equivalentes** às emendas constitucionais, tal não autoriza a chamar de controle "de constitucionalidade" o exercício de compatibilidade vertical que se exerce em razão deles, porque a lei poderá *não violar* a Constituição propriamente, mas apenas *o tratado* de direitos humanos em questão. Portanto, controle de constitucionalidade e controle de convencionalidade são coisas distintas. Ademais, também não se autoriza compreender seja o controle de convencionalidade uma *mera aplicação* de tratados, porque a aplicação pura e simples de tratados internacionais – nos moldes da Convenção de Viena sobre o Direitos dos Tratados de 1969 – desconhece o princípio *pro homine* ou *pro persona*, que é princípio fundamental no controle de convencionalidade das leis.

Espacialmente, o controle de convencionalidade pode ser internacional ou interno. O controle de convencionalidade **internacional** é o exercido perante o sistema interamericano de direitos humanos, e o controle de convencionalidade **interno** é o realizado, no Brasil, em sua modalidade **concentrada**, pelo STF e de maneira **difusa**, pelos demais juízes e tribunais do país.

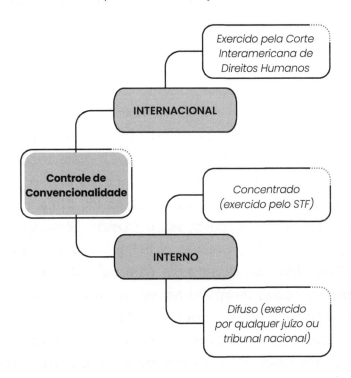

O controle **interno** da convencionalidade das normas domésticas é o que por primeiro deve ser levado a cabo, antes de qualquer manifestação de um tribunal internacional a respeito. O controle **internacional** da convencionalidade é apenas **complementar** do controle interno, e não principal, pois as cortes internacionais somente controlarão a convencionalidade de uma norma interna caso o Poder Judiciário de origem não tenha controlado essa mesma convencionalidade, ou a tenha realizado de maneira imprópria ou insuficiente. Portanto, o controle de convencionalidade realizado pelos tribunais internacionais é apenas **complementar ao controle primário exercido no plano interno**, jamais principal, não sendo correto dizer que apenas o controle internacional da convencionalidade das leis é o verdadeiro controle de convencionalidade. O segundo *considerando* da Convenção Americana sobre Direitos Humanos dispõe, claramente, ser a proteção internacional convencional "**coadjuvante** ou **complementar** da que oferece o direito interno dos Estados americanos".

> **Importante**
>
> Para saber mais sobre a imprescindibilidade da realização de um controle interno prévio da convencionalidade das normas doméstica (antes de qualquer manifestação internacional a esse respeito) veja os seguintes julgados: Corte IDH, *Caso Almonacid Arellano e outros Vs. Chile*, Exceções Preliminares, Mérito, Reparações e Custas, sentença de 26 de setembro de 2006, Série C, n. 154, § 124; *Caso Trabalhadores Demitidos do Congresso (Aguado Alfaro e outros) Vs. Peru*, Exceções Preliminares, Mérito, Reparações e Custas, sentença de 24 de novembro de 2006, Série C, n. 158, § 128; e *Caso Cabrera García e Montiel Flores Vs. México*, Exceção Preliminar, Mérito, Reparações e Custas, sentença de 26 de novembro de 2010, Série C, n. 220, §§ 225-233.

---

2. DOUTRINA DO CONTROLE DE CONVENCIONALIDADE NO SISTEMA INTERAMERICANO

A teoria do controle de convencionalidade apareceu no sistema interamericano de direitos humanos, pela primeira vez, em 26

Cap. 11 – Controle de Convencionalidade

de setembro de 2006, no julgamento do *Caso Almonacid Arellano e outros Vs. Chile* (Série C, n. 154, § 124), que estabeleceu a **obrigatoriedade de controle** de convencionalidade, de forma prioritária, **pelo Judiciário interno** dos Estados-partes.

Pouco tempo depois, o *Caso dos Trabalhadores Demitidos do Congresso Vs. Peru* (Série C, n. 158, § 128), julgado em 24 de novembro de 2006, destacou algumas especificidades, estabelecendo que tal controle de convencionalidade deve ser exercido *ex officio* entre as normas internas e a Convenção Americana, porquanto obrigação dos juízes de velar para que a Convenção não se veja diminuída ou anulada pela aplicação de leis contrárias à sua finalidade.

A aplicação dos tratados de direitos humanos pelo Judiciário nacional deve, ainda, atender ao **princípio *pro homine***, ou seja, o Judiciário nacional tem o dever de aplicar o tratado sempre que a norma em causa for **mais benéfica** ao ser humano sujeito de direitos. Aqui também devem os juízes e tribunais locais devem levar em conta a interpretação que a Corte Interamericana faz do tratado de direitos humanos em questão, o que significa que o Poder Judiciário interno não deve se prender à exclusiva solicitação das partes, mas controlar a convencionalidade das leis *ex officio*.

Para a Corte Interamericana, até mesmo as **normas constitucionais** dos Estados-partes **devem ceder ao exame de convencionalidade** quando menos benéficas que os comandos dos tratados de direitos humanos incorporados ao direito interno. Nas decisões dos casos *A Última Tentação de Cristo Vs. Chile* (2001) e *García Rodríguez e Outros Vs. México* (2023), a Corte Interamericana declarou inconvencionais dispositivos constitucionais do Chile e do México, respectivamente, contrários a direitos e garantias proclamadas pela Convenção Americana.

Frise-se, a propósito, que **todo e qualquer tratado de direitos humanos** é paradigma do controle de convencionalidade, e não somente a Convenção Americana, entendimento esse reforçado pelo art. 64, § 1.º, da própria Convenção Americana, segundo o qual os Estados-membros da OEA poderão consultar a Corte sobre a interpretação da Convenção **ou de outros tratados** concernentes à proteção dos direitos humanos nos Estados americanos. Os direitos previstos em todos esses instrumentos formam um "bloco de convencionalidade", à semelhança do conhecido "bloco de constitucionalidade", compondo a substância dos direitos humanos de observância obrigatória aos Estados-partes.

A negativa do Poder Judiciário estatal em controlar a convencionalidade pela via difusa, sob o argumento de que não solicitado pelas partes ou de que não é possível exercê-lo *ex officio*, é motivo para acarretar a responsabilidade internacional do Estado por violação de direitos humanos, para além de atribuir à Corte Interamericana a competência complementar para o exercício desse controle.

O *Caso Cabrera García e Montiel Flores Vs. México* (Série C, n. 220, §§ 225-233), julgado em 26 de novembro de 2010, por sua vez, **ampliou a competência** de controle para **todos os órgãos do Estado vinculados à administração da justiça**, de que é exemplo o Ministério Público, que passa a ser também um dos atores destacados para o exercício do exame de convencionalidade das leis nos países do Continente Americano, sobretudo no Brasil. Tal tese foi reforçada pelo *Caso Gelman Vs. Uruguai* (Série C, n. 330, § 93), em 24 de fevereiro de 2011, quando a Corte Interamericana reafirmou que todos os órgãos do Estado estão submetidos à autoridade da Convenção Americana, cabendo aos juízes e órgãos vinculados à administração da Justiça em todos os níveis exercer *ex officio* o controle de con-

Cap. 11 – Controle de Convencionalidade

vencionalidade das normas internas relativamente à Convenção Americana.

Por seu turno, o *Caso Comunidade Garífuna de Punta Piedra e seus Membros Vs. Honduras* (Série C, n. 304, §§ 211 e 225), julgado em 8 de outubro de 2015, veio reforçar a tese de que o controle de convencionalidade a ser efetivado pelo juiz doméstico deve ter como paradigma todo o mosaico protetivo dos sistemas global (onusiano) e regional (interamericano), seguindo **padrões internacionais aplicáveis** a cada uma das questões apresentadas. Ou seja, uma vez que o caso envolva *mulher*, que seja *criança*, e também *indígena*, que tenha uma *deficiência* e, além de tudo, seja *refugiada*, deverá o Poder Judiciário controlar a convencionalidade das leis internas aplicando todos os padrões internacionais relativos a cada um desses temas (direitos das mulheres, das crianças, dos povos indígenas, das pessoas com deficiência e dos refugiados) na resolução desse caso concreto.

Mais uma evolução jurisprudencial se deu no *Caso Trabalhadores da Fazenda Brasil Verde Vs. Brasil* (Série C, n. 318, § 408), julgado em 20 de outubro de 2016, em que a Corte passou a vincular ao exercício do controle de convencionalidade não mais apenas os órgãos vinculados à administração da justiça (como o Poder Judiciário e o Ministério Público), mas **todos os poderes e órgãos estatais**, quaisquer que sejam, em seu conjunto, como os poderes Legislativo e Executivo.

Tal **controle conjunto** de convencionalidade de todos os órgãos e poderes do Estado auxilia sobremaneira na diminuição de condenações do Brasil no plano internacional, razão pela qual uma atuação conjunta, cada qual nos limites de sua competência, faz-se extremamente necessária.

As decisões da Corte Interamericana em matéria de controle de convencionalidade estão a demonstrar o papel premente dos juízes e dos tribunais internos na compatibilização vertical

material das normas domésticas com os comandos dos tratados de direitos humanos em vigor no Estado, lembrando-se que
apenas no caso da falta de sua realização interna ou de seu
exercício insuficiente é que poderá a Justiça Internacional atuar
de modo complementar ou coadjuvante à jurisdição nacional.

> **Importante**
>
> 1. O julgamento do *Caso Almonacid Arellano e outros Vs.
> Chile*, em 26 de setembro de 2006, é o que inaugura for-
> malmente a doutrina do **controle interno de convencionali-
> dade** no Continente Americano. É também o caso a partir
> do qual se verifica ser intenção da Corte Interamericana
> que o controle de convencionalidade por parte dos tribu-
> nais locais seja tido como verdadeira questão de ordem
> pública internacional. A Corte Interamericana transportou
> então essa obrigatoriedade de controle, de forma priori-
> tária, para o **Judiciário interno** dos Estados-partes, con-
> forme observado no § 124 da sentença, o que não havia
> feito expressamente até então.
>
> 2. A **obrigação** dos juízes internos em **controlar a conven-
> cionalidade** das leis passa a existir mesmo naqueles paí-
> ses em que os juízes singulares não têm competência para
> realizar o controle de constitucionalidade. Nesses casos,
> deverão eles próprios, ou por meio de encaminhamento do
> processo ao Tribunal competente, encontrar o meio ade-
> quado no âmbito de suas respectivas competências e dos
> regulamentos processuais correspondentes de proceder a
> esse controle, eis que a exigência de controle interno da
> convencionalidade estende-se a **todos os órgãos do Poder
> Judiciário**. Para esses países, a melhor saída seria reformar

a Constituição, adaptando-a aos ditames da Corte Intera-mericana.

3. Foi no *Caso Cabrera García e Montiel Flores Vs. México*, julgado em 26 de novembro de 2010, que a Corte Intera-mericana, por unanimidade de votos, afirmou em definitivo a sua doutrina jurisprudencial sobre o controle de conven-cionalidade e também ampliou a competência de controle para todos os órgãos do Estado vinculados à administração da justiça, passando então a ser **dever do Poder Judiciá-rio e do Ministério Público dos Estados** controlar e aferir a convencionalidade das normas de Direito interno.

3. O CONTROLE DE CONVENCIONALIDADE NO DIREITO BRASILEIRO

Tendo em vista a exigência da Corte Interamericana em que os juízes e tribunais locais controlem a convencionalidade das leis, cabe compreender **como se realiza** esse controle no pla-no doméstico. O sistema brasileiro aceita as vias **concentrada** (tratados incorporados com equivalência de emenda constitu-cional) e **difusa** (tratados incorporados com nível constitucio-nal) de controle da convencionalidade das leis. Desenvolvemos esses modelos ao longo dos anos e, atualmente, ele tem sido empregado pela melhor doutrina no Brasil e pela completude da jurisprudência brasileira.

3.1. Controle concentrado de convencionalidade

Os tratados de direitos humanos aprovados pela sistemática do art. 5.º, § 3 º, da CF serão paradigma do controle **concentrado** de convencionalidade (para além, evidentemente, do controle *difuso).*

O **fundamento jurídico** para exercer o controle concentrado de convencionalidade por meio das ações do controle abstrato de normas (ADIn, ADECON, ADPF e ADO) pode ser encontrado no art. 102, I, *a*, da CF, em que a expressão "guarda da Constituição" passa a incluir também, a partir da EC n. 45/2004, as normas constitucionais *por equiparação*, caso dos tratados de direitos humanos constitucionalizados pelo rito do art. 5.º, § 3.º.

Os **legitimados** para o controle concentrado (art. 103 da Constituição) passam a ter a seu favor os tratados de direitos humanos internalizados com *quorum* qualificado, para além de servirem como paradigma para o controle *difuso*.

No que tange à sua **operacionalização**, a Ação Direta de Inconstitucionalidade (ADIn) transformar-se-ia em Ação Direta de *Inconvencionalidade*; a Ação Declaratória de Constitucionalidade (ADECON) em Ação Declaratória *de Convencionalidade*; a Arguição de Descumprimento de Preceito Fundamental (ADPF) versaria o descumprimento de preceito fundamental encontrado no tratado; e a Ação Direta de Inconstitucionalidade por Omissão (ADO) tornar-se-ia a Ação Direta de *inconvencionalidade por omissão*. Ainda no que tange às omissões legislativas, passa a ser cabível o Mandado de Injunção para suprir omissões normativas que impossibilitem o exercício de um direito ou liberdade presente em tratado de direitos humanos internalizado com *quorum* qualificado (art. 5.º, LXXI, da CF).

Por fim, a razão pela qual apenas os tratados "equivalentes" às emendas constitucionais podem ser paradigma do controle concentrado de convencionalidade liga-se à importância que atribuiu a Constituição Federal de 1988 ao controle abstrato de normas, destinando legitimados específicos e a outorga do direito de propositura a diferentes órgãos da sociedade para o exercício do controle concentrado (art. 103, da CF). Isso significa que a Constituição de 1988 deu particular **ênfase** à fiscalização

Cap. 11 – Controle de Convencionalidade

abstrata de normas, em detrimento do controle de constitucionalidade difuso. Daí se entender que, por se tratar de normas internacionais de direitos humanos que, igualmente, guardam maior importância na nossa ordem constitucional, apenas os instrumentos de direitos humanos "equivalentes" às emendas constitucionais (isto é, aprovados por maioria qualificada no Congresso Nacional) podem ser **paradigma ao controle abstrato** de convencionalidade perante o STF.

> ### Atenção
>
> Apenas os tratados de direitos humanos internalizados com *quorum* **qualificado**, sendo aprovados pela maioria qualificada do art. 5.º, § 3.º, e, portanto, equivalentes às emendas constitucionais, são paradigma do controle **concentrado** de convencionalidade quando em vigor no Brasil, cabendo, por exemplo, uma ADIn no STF a fim de invalidar norma infraconstitucional incompatível com eles.

> ### *Importante*
>
> A primeira ação do controle abstrato proposta no Brasil se deu no caso da *Convenção sobre os Direitos das Pessoas com Deficiência*, de 2007, internalizada pelo rito do art. 5.º, § 3.º, da Constituição. A ADPF n. 182 visou declarar a invalidade, por não recepção, do art. 20, § 2.º, da Lei n. 8.742/1993, em face da citada Convenção, que emprega o conceito de "pessoa com deficiência" de modo mais abrangente e, portanto, mais protetivo que o conceito expresso na Lei interna. A redação original do art. 20, § 2.º, da Lei n. 8.742/1993, definia a pessoa com deficiência como sendo

"aquela incapacitada para a vida independente e para o trabalho". Por sua vez, o art. 1.º da Convenção estabelece, num conceito superiormente mais amplo, que pessoas com deficiência "são aquelas que têm impedimentos de longo prazo de natureza física, mental, intelectual ou sensorial, os quais, em interação com diversas barreiras, podem obstruir sua participação plena e efetiva na sociedade em igualdades de condições com as demais pessoas".

3.2. Controle difuso de convencionalidade

Os tratados de direitos humanos não internalizados pela maioria qualificada serão paradigma do controle **difuso** de convencionalidade, pois são apenas materialmente constitucionais, diferentemente dos tratados aprovados por aquela maioria, que têm *status* material *e formal* de normas constitucionais.

Os **legitimados** a exercer o controle difuso de convencionalidade são todos os juízes e tribunais do País, *ex officio* ou a requerimento das partes. Uma vez que todos os tratados de direitos humanos em vigor no Brasil guardam nível materialmente constitucional, constitui **obrigação dos juízes e tribunais locais** invalidar as leis internas quando menos benéficas que o tratado de direitos humanos em causa, em atenção ao princípio *pro homine* e que afrontam as normas internacionais de direitos humanos que o Brasil aceitou na órbita internacional.

Nesse caso, a decisão judicial que invalida uma lei interna em razão do comando de um tratado só produz **efeitos *inter partes***, isto é, somente entre os atores participantes do caso concreto.

O controle de convencionalidade difuso existe entre nós desde a promulgação da Constituição Federal em 1988, e da

Cap. 11 – Controle de Convencionalidade

consequente entrada em vigor dos tratados de direitos humanos ratificados pelo Brasil após essa data. Por sua vez, o controle de convencionalidade concentrado nasceu com a promulgação da EC n. 45/2004, pois, antes dessa normativa, não havia a possibilidade de os tratados internacionais de direitos humanos serem aprovados por maioria qualificada no Congresso Nacional, galgando, quando ratificados, a **equivalência** de emendas constitucionais.

Exemplo do controle de convencionalidade difuso pode ser visto no art. 105, III, *a*, da Constituição, que estatui que compete ao Superior Tribunal de Justiça julgar, em via de recurso especial, as causas decididas em única ou última instância, cuja decisão recorrida contrarie tratado ou lei federal, ou negue a eles vigência. Tal terminologia pode ser utilizada se considerarmos compatibilidade das leis com um tratado *de direitos humanos*. Entretanto, se a análise pelo STJ envolver um tratado *comum*, nesse caso o controle será de supralegalidade e não de convencionalidade. Explica-se: não obstante o STF entender que os tratados comuns guardam nível de lei ordinária no Brasil, a doutrina internacionalista (seguida pela Convenção de Viena sobre o Direito dos Tratados de 1969) entende que todos os tratados em vigor no País, quaisquer que sejam, guardam (no mínimo) nível supralegal no Estado (*v. infra*).

O controle de convencionalidade por parte dos juízes e tribunais locais é um **dever** que decorre da ordem pública internacional, não podendo ser afastado por qualquer pretexto, sob pena de responsabilidade internacional do Estado.

No Direito brasileiro atual, todos os tratados que compõem o sistema normas de direitos humanos de que o Estado é parte servem como paradigma ao controle de convencionalidade das normas internas, sejam os internalizados com *quorum* qualificado ou os que têm apenas "*status* de norma constitucional".

No âmbito dos tratados não incorporados por maioria qualificada, a **reserva de plenário** (art. 97 da Constituição) será incabível, pois é obrigatória apenas para os tratados "equivalentes" às emendas constitucionais (aprovados na forma do art. 5.º, § 3.º, da Constituição). Assim, enquanto o controle **difuso de constitucionalidade** obriga à reserva de plenário, no caso do **controle difuso de convencionalidade** – em relação aos tratados não aprovados por maioria qualificada –, não há impedimento de seu exercício pelos órgãos fracionários dos tribunais, que poderão declarar uma dada lei inconvencional e, por consequência, *inválida* (*v.* STJ, REsp. 1.640.084/SP, Quinta Turma, Min. Ribeiro Dantas, j. 15.12.2016, *DJe* 01.02.2017, p. 12).

> ### Atenção
>
> Os tratados de direitos humanos que têm "***status* de norma constitucional**", não sendo não aprovados pela maioria qualificada do art. 5.º, § 3.º, serão paradigma apenas do controle **difuso** de convencionalidade, podendo qualquer juiz ou tribunal neles se fundamentar para declarar **inválida** uma lei que os afronte.

> ### Importante
>
> Exemplo do dever do controle difuso de convencionalidade se deu no julgamento do processo RR-1072-72.2011.5.02.0384, em 24.09.2014, em que o TST declarou que a previsão contida no art. 193, § 2.º, da CLT, que permitia ao empregado optar pelo adicional de insalubridade que lhe fosse devido, é incompatível com a Constituição, que garante de forma plena o direito ao recebimento dos adicionais de penosidade, insalubridade e periculosidade, sem qualquer ressalva no que tange à cumulação. É também **inconvencional**, por violar dois tra-

tados de direitos humanos (Convenções n. 148 e n. 155 da OIT), que admitem a cumulação dos adicionais. Assim, o Tribunal proclamou a superação da norma interna em face de uma norma de origem internacional, mais benéfica. No entanto, em 28.04.2016, a SDI-1 do TST entendeu pela inacumulabilidade desses adicionais, em criticável decisão que não levou em conta as convenções da OIT referidas.

4. CONTROLE DE SUPRALEGALIDADE

Os **tratados internacionais comuns,** ou seja, aqueles que versam sobre temas alheios aos direitos humanos, serão paradigma do controle de supralegalidade, porquanto possuem hierarquia *supralegal* em nosso país, e não poderem ser revogados por lei interna posterior. Tal é o entendimento da doutrina internacionalista e também das normas internacionais relativas a direito dos tratados. Este não é, entretanto, o posicionamento do STF.

Na esfera internacional, o art. 27 da Convenção de Viena sobre o Direito dos Tratados (1969), ratificada pelo Brasil em 2009, dispõe nesse sentido ao proibir que o Estado invoque seu direito interno para justificar o inadimplemento de um tratado. No direito interno, o art. 98 do CTN confirma que os tratados e as convenções internacionais têm o poder de revogar ou modificar a legislação tributária interna, prevalecendo também sobre lei a eles superveniente.

Assim, ao considerarmos o *status* superior dos tratados com relação às leis internas, tais tratados comuns também servem de paradigma ao controle das normas infraconstitucionais, posto estarem situados acima delas, com a única diferença de que não servirão de paradigma do controle de convencionalidade, como os tratados de direitos humanos, mas do **controle de supralegalidade** das normas infraconstitucionais.

De tal sorte, as leis contrárias aos tratados comuns são inválidas por **violação ao princípio da hierarquia**, uma vez que tais tratados, sendo supralegais, acima delas se encontram.

O controle de supralegalidade é sempre exercido por meio **difuso**, contrariamente ao exercício do controle de convencionalidade, que *poderá ser* difuso ou concentrado, a depender do caso.

A supralegalidade dos tratados comuns desconhece o princípio *pro homine* ou *pro persona*, fazendo tábula rasa da norma mais benéfica ao cidadão, pois segue friamente o comando do art. 27 da Convenção de Viena sobre o Direito dos Tratados de 1969, segundo o qual os tratados **sempre prevalecem** sobre as leis internas.

5. RECOMENDAÇÃO N. 123 DO CNJ

O Conselho Nacional de Justiça – atendendo à proposta de nossa autoria – editou, em janeiro de 2022, um ato normativo recomendando a todos os órgãos do Poder Judiciário: "a **observância dos tratados e convenções internacionais de direitos humanos** em vigor no Brasil e a utilização da jurisprudência da Corte Interamericana de Direitos Humanos (Corte IDH), bem como a **necessidade de controle de convencionalidade** das leis internas" (art. 1.º, I), para além da urgente "**priorização do julgamento** dos processos em tramitação relativos à reparação material e imaterial das vítimas de violações a direitos humanos determinadas pela Corte Interamericana de Direitos Humanos em condenações envolvendo o Estado brasileiro e que estejam **pendentes de cumprimento integral**" (art. 1.º, II, da Recomendação CNJ n. 123/2022).

À luz dessa Recomendação, devem os juízes e os tribunais brasileiros guardar ciência da responsabilidade que lhes compete no exercício escorreito do controle de convencionalidade das leis, segundo os modelos (concentrado e difuso) anteriormente analisados, bem como da devida aplicação da jurisprudência da Corte Interamericana de Direitos Humanos nos casos submetidos à sua apreciação.

A Recomendação n. 123 do CNJ atinge todos os órgãos do Poder Judiciário brasileiro, demonstrando a preocupação do CNJ em fazer cumprir as normas internacionais de direitos humanos de que o Brasil é parte, bem como a jurisprudência da Corte Interamericana de Direitos Humanos. Dessa forma, os juízes e os tribunais brasileiros passam a ter a **responsabilidade** de controlar a convencionalidade das leis *ex officio*, fazendo garantir a devida **aplicabilidade doméstica** dos tratados de direitos humanos em vigor no Brasil, à luz do princípio *pro homine* ou *pro persona*.

No exercício do controle de convencionalidade, devem também os juízes e os tribunais nacionais **priorizar o julgamento** dos processos em tramitação relativos à **reparação material e imaterial das vítimas** de violações a direitos humanos determinadas pela Corte Interamericana em condenações envolvendo o Estado brasileiro e que estejam pendentes de cumprimento integral.

6. DEVIDO PROCESSO CONVENCIONAL

O controle de convencionalidade das leis irradia efeitos não apenas no que tange à compatibilização material das normas do direito interno com os tratados de direitos humanos ratificados e em vigor no Estado, mas também com relação às **normas de procedimento** previstas nos instrumentos internacionais respectivos.

Assim, o **devido processo convencional** *é* o conjunto dos direitos processuais previstos nos tratados internacionais de direitos humanos, que devem ser observados tanto internacionalmente quanto internamente pelo Estado, para a salvaguarda dos direitos das pessoas protegidas por esses instrumentos internacionais.

O devido processo convencional possui dois âmbitos de aplicação:

- **internacional:** o respeito pelas instâncias internacionais de proteção relativamente aos instrumentos que aplicam para a salvaguarda de direitos humanos violados; e
- **interno:** a observância que os órgãos dos Estados devem ter para com os preceitos normativos desses mesmos instrumentos jurídicos, para transformar o processo interno (judicial ou administrativo) de aplicação das leis em processo também *convencionalizado.*

6.1. Devido processo convencional internacional

Devido processo convencional internacional é o nome que se atribui à observância, pelas instâncias internacionais de proteção dos direitos humanos, das normas de procedimento previstas nas convenções internacionais.

Em nosso entorno geográfico, tais instâncias internacionais são a Comissão e a Corte Interamericana de Direitos Humanos, que devem observar as normas de procedimento previstas na Convenção Americana sobre Direitos Humanos como garantia de um processo internacional correto, justo e convencionalizado, sem o que qualquer processo perante os órgãos internacionais de monitoramento restará viciado em razão de **inconvencionalidade formal (procedimental).**

Todas as instâncias internacionais de proteção dos direitos humanos, quer judiciais ou não, devem primar pela garantia do devido processo convencional em quaisquer procedimentos.

Cap. 11 – Controle de Convencionalidade

> **Importante**
>
> A admissibilidade do *Caso Pessoas Privadas de Liberdade na Carceragem da 76.ª Delegacia de Polícia de Niterói- -RJ* (Comissão IDH, Relatório n. 36/07, Petição 1113-06, de 17.07.2007, § 64 e ss) perante a Comissão Interamericana gerou o inconformismo do Estado brasileiro, que utilizou, como meio de defesa, a exigência de cumprimento do devido processo convencional pelos órgãos internacionais de monitoramento, alegando o direito do Estado a uma atuação independente e imparcial por parte da Comissão.

6.2. Devido processo convencional interno

Devido processo convencional interno é o nome que se atribui à observância, pelos órgãos do Estado, das normas convencionais procedimentais previstas nos tratados de direitos humanos ratificados e em vigor no Estado, quer no âmbito de processos judiciais ou administrativos.

Trata-se do dever que todos os órgãos do Estado têm de pautar-se não apenas nas normas de procedimento previstas na legislação interna, mas também nas constantes dos tratados internacionais de direitos humanos de que o Estado é parte, complementando a garantia do devido processo legal (art. 5.º, LIV, da CF).

As garantias processuais previstas em tratados de direitos humanos em vigor no Estado **prevalecem** às normas internas de mesma índole, por terem hierarquia diferenciada no direito brasileiro, estando acima das leis. De acordo com a jurisprudência do STF sobre o tema, tem-se que tais instrumentos prevalecem às normas de procedimento infraconstitucionais, por guardarem (no mínimo) nível *supralegal no Brasil.*

O STF se atentou, pela primeira vez, à necessidade de cumprimento do devido processo convencional ao admitir o recurso de Embargos Infringentes para os réus do *Caso Mensalão* na Ação Penal n. 470/MG, em 2013. Tal admissibilidade teve como fim garantir o postulado do duplo reexame, uma vez que os réus não teriam outra oportunidade de se defender perante a Corte, que servia de instância inicial e **única** de julgamento. Assim, a decisão pretendeu respeitar tanto os preceitos do direito interno, garantido pelo art. 333, I, do Regimento Interno do STF, quanto do direito internacional dos direitos humanos, pela Convenção Americana em seu art. 8.º, § 2.º, *h*.

A adequação do direito processual brasileiro às previsões normativas internacionais de que o Brasil é parte se impõe a todos os procedimentos administrativos ou judiciais. Já foi possível notar que em matéria processual penal tal obrigação apresenta maior ênfase, uma vez que é imprescindível levar em consideração a maneira como foi conduzido o procedimento penal para assegurar a devida tutela penal dos direitos humanos, não permitindo ao Estado uma proteção deficiente desses mesmos direitos.

Portanto, os órgãos do Estado brasileiro devem garantir não apenas o **devido processo legal**, como também o **devido processo convencional** a todos os que vindicam uma dada pretensão.

Importante

1. A observância do devido processo convencional no âmbito interno pode ser observado no caso da implantação, no Brasil, da chamada **audiência de custódia**, pelo CNJ, em cumprimento à norma de procedimento previsto no art. 7.º, § 5.º, da Convenção Americana sobre Direitos Humanos, que garante à toda pessoa detida ou retida sua

Cap. 11 – Controle de Convencionalidade

apresentação à presença de um juiz ou outra autoridade autorizada pela lei a exercer funções judiciais, quanto a um julgamento dentro de um prazo razoável ou a ser posta em liberdade. A partir disso, o CNJ regulamentou a matéria através da Resolução n. 213/2015, determinando no art. 1.º, o **prazo de 24 horas** para apresentação de toda pessoa presa à autoridade judicial. A garantia da audiência de custódia já vigorava no Direito brasileiro, entretanto, desde a entrada em vigor no Brasil da Convenção Americana, em 1992.

2. A Convenção Americana possui várias garantias judiciais elencadas no § 2.º do art. 8.º, tais como o direito do acusado de ser **assistido gratuitamente** por tradutor ou intérprete, se não compreender ou não falar o idioma do juízo ou tribunal; **comunicação prévia** e pormenorizada ao acusado da acusação formulada; concessão ao acusado do tempo e dos meios adequados para a **preparação de sua defesa**; direito irrenunciável de ser assistido por um **defensor** proporcionado pelo Estado; direito de não ser obrigado a **depor contra si mesmo**, nem a declarar-se culpado; direito de **recorrer** da sentença para juiz ou tribunal superior, entre outros.

7. TEORIA DO DUPLO CONTROLE

O Ministro Celso de Mello, no julgamento do HC n. 87.585/TO, de 3 de dezembro de 2008, exarou importantíssima opinião que reconheceu natureza constitucional aos tratados internacionais de direitos humanos incorporados ao direito interno brasileiro, para submeter as normas domésticas a um **duplo controle de ordem jurídica**, nestes termos:

> Proponho que se reconheça natureza constitucional aos tratados internacionais de direitos humanos, submetendo, em consequência, as normas que integram o ordenamen-

to positivo interno e que dispõem sobre a proteção dos direitos e garantias individuais e coletivos a um **duplo controle de ordem jurídica**: o controle de constitucionalidade e, também, o controle de convencionalidade, ambos incidindo sobre as regras jurídicas de caráter doméstico. (STF, HC 87.585/TO, Tribunal Pleno, Rel. Min. Celso de Mello, j. 03.12.2008, fl. 341)

Tal é o que desenvolvemos anteriormente sob a rubrica de **teoria da dupla compatibilidade vertical material** (ver nossa obra *Controle jurisdicional da convencionalidade das leis*). À luz desse posicionamento, a produção normativa doméstica, para ter reconhecida sua validade e consequente eficácia, deve se submeter a duplo controle vertical material, isto é, ao controle de constitucionalidade e também ao controle de convencionalidade.

Assim, uma determinada lei interna poderá ser considerada *vigente* por estar (formalmente) de acordo com o texto constitucional, mas não será *válida* e *eficaz* se estiver (materialmente) em desacordo com os tratados de direitos humanos ratificados e em vigor no Estado.

Esse duplo controle da produção normativa interna é obrigatório e não facultativo, e somente por meio dele será possível garantir a vigência e a validade de uma norma doméstica no atual contexto do direito brasileiro.

Apenas por meio desse controle binário as normas internas tornam-se hábeis à sua aplicação *in concreto*, pois, passando incólume a ambos os controles, recebem a chancela de normas **hígidas e aptas** à sua validade e eficácia. Por sua vez, se a norma de direito interno passar incólume ao primeiro controle (de constitucionalidade) e não à segunda etapa de compatibilização (controle de convencionalidade), não estará apta a operar validamente no âmbito doméstico, fazendo operar o comando do tratado internacional mais benéfico à proteção dos direitos da pessoa protegida.

Destaque-se que o STJ, no julgamento HC n. 379.269, de 25 de maio de 2017, reconheceu expressamente (inclusive na Ementa do acórdão) a nossa teoria da dupla compatibilidade vertical material, compreendendo que "para que a produção normativa doméstica possa ter validade e, por conseguinte, eficácia, exige-se uma **dupla compatibilidade vertical material**" (STJ, HC 379.269/MS, Terceira Seção, Rel. Min. Reynaldo Soares da Fonseca, Rel. Min. Antonio Saldanha Palheiro, j. 24.05.2017, *DJe* 30.06.2017).

8. CONCLUSÃO

Pode-se verificar que existem no Direito brasileiro atual **seis tipos** de controle das normas internas:

1 – controle de legalidade (p. ex., a compatibilização de um decreto com uma lei ordinária);

2 – controle de supralegalidade (exercido em relação aos tratados comuns);

3 – controle de constitucionalidade concentrado;

4 – controle de constitucionalidade difuso;

5 – controle de convencionalidade concentrado (tratados de direitos humanos *equivalentes* às emendas constitucionais); e

6 – controle de convencionalidade difuso (todos os tratados de direitos humanos em vigor no país).

Esses novos meios de controle das normas do direito interno fazem com que as justificativas que se costumam dar para o descumprimento das obrigações convencionais assumidas pelo Estado passem a ser absolutamente **ineficazes** à luz do Direito Internacional Público e, agora, também da própria ordem constitucional brasileira, que passa a estar integrada por eles.

EM RESUMO:

Introdução	**– Definição:** processo de compatibilização vertical das normas domésticas com as convenções internacionais de direitos humanos em vigor no Estado. **– Cabimento:** afronta aos tratados de direitos humanos. **– Esferas de aplicação:** 1. **Internacional:** controle complementar, exercido pela Corte Interamericana de Direitos Humanos. 2. **Interno:** controle primário, exercido pelo STF em sua modalidade concentrada, e por qualquer juízo ou tribunal nacional, em sua modalidade difusa.
A doutrina do controle de convencionalidade no sistema interamericano	**– Características:** **– Controle:** prioritariamente pelo Judiciário interno e *ex officio*. **– Aplicação:** sempre que a norma em causa for mais benéfica (princípio *pro homine*). **– Abrangência:** todo e qualquer tratado de direitos humanos é paradigma para o controle de convencionalidade (art. 64, § 1.º, da Convenção Americana). **– Especificidade:** necessidade de observância dos padrões internacionais relativos a cada um dos temas (refúgio, mulher, indígena, pessoas com deficiência etc.). **– Legitimados:** todos os órgãos do Estado vinculados à administração da justiça e poderes estatais.

Cap. 11 – Controle de Convencionalidade

O controle de convencionalidade no Direito brasileiro	**Modalidades:** **1. Concentrada:** **a. Objeto:** tratados incorporados com equivalência de emenda constitucional. **b. Quem julga:** Corte Interamericana de Direitos Humanos. **c. Controle:** complementar aos Estados. **2. Difusa:** **a. Objeto:** tratados incorporados com status de norma constitucional. **b. Quem julga:** qualquer juízo ou tribunal nacional. **c. Controle** primário e *ex officio*.
a) Controle concentrado de convencionalidade	– **Fundamento jurídico:** art. 102, I, *a*, da CF (normas constitucionais por equiparação). – **Legitimados**: art. 103, da CF. – **Operacionalização :** ADIn, ADECON, ADPF, ADO, mandado de injunção. – **Efeito:** *erga omnes*.
b) Controle difuso de convencionalidade	– **Legitimados:** todos os juízes e tribunais do país. – **Operacionalização:** em caso concreto, a requerimento das partes ou *ex officio*. – **Efeito:** *inter partes*.
Controle de supralegalidade	– **Definição:** *processo de compatibilização vertical das normas domésticas com tratados internacionais* comuns. – **Cabimento:** afronta aos tratados internacionais comuns. – **Modalidades:** somente difusa.

Devido processo convencional	**– Definição:** conjunto dos direitos processuais previstos nos tratados internacionais de direitos humanos. **– Cabimento:** observância às normas de procedimento previstas nos instrumentos internacionais. **Esferas de aplicação:** **1. Internacional:** pelas instâncias internacionais de proteção dos direitos humanos. **2. Interno:** pelos órgãos dos Estados.
a) Devido processo convencional internacional	**– Definição:** respeito dos instrumentos internacionais de proteção de direitos humanos pelas instâncias internacionais de proteção. **– Quem deve observância:** Comissão e Corte Interamericana.
b) Devido processo convencional interno	**– Definição:** respeito dos instrumentos internacionais de proteção no processo interno (judicial ou administrativo). **– Quem deve observância:** órgãos do Estado brasileiro.
Teoria do duplo controle	**– Conceito:** as leis internas, para serem consideradas hígidas, devem passar pelo controle de constitucionalidade e pelo controle de convencionalidade, sem o que não serão válidas e eficazes. **– Realização:** todos os juízes e os tribunais internos têm o dever de controlar duplamente as normas do direito interno, tendo como paradigmas a Constituição Federal e os tratados internacionais de direitos humanos em vigor no Estado.

Capítulo 12

Direitos Humanos dos Povos Indígenas e Comunidades Tradicionais

1. DIREITOS HUMANOS DAS MINORIAS E DOS GRUPOS VULNERÁVEIS

Incluem-se na categoria dos direitos humanos das minorias e dos grupos vulneráveis os direitos relativos a mulheres, idosos, crianças e adolescentes, povos indígenas e comunidades tradicionais, pessoas com deficiência, comunidade LGBTQIA+, refugiados, consumidores e pessoas em situação de rua. Tais categorias de pessoas estão no **centro da proteção internacional de direitos na atualidade** e têm merecido a criação de normas internacionais específicas de salvaguarda.

Minorias são grupos de pessoas que não têm a **mesma representação política** que os demais cidadãos de um Estado ou, ainda, que sofrem **histórica e crônica discriminação** por guardarem entre si características essenciais à sua personalidade, tais como etnia, nacionalidade, língua, religião ou condição pessoal.

Grupos vulneráveis são coletividades mais amplas de pessoas que necessitam de **proteção especial em razão de sua fragilidade** (mulheres, idosos, crianças e adolescentes, pessoas com deficiência, consumidores etc.). Tais conceitos muitas vezes se confundem, tendo em vista que não raramente as minorias estão também em situação de vulnerabilidade.

O estudo dos direitos humanos das minorias e dos grupos vulneráveis excepciona o conhecido princípio da igualdade formal para consagrar o **princípio da igualdade material**, que reconhece as particularidades de cada pessoa envolvida em uma dada situação jurídica. Assim, todos os que detêm características singulares ou que necessitam de proteção especial passam a merecer o devido amparo da ordem jurídica estatal, especialmente por meio de discriminações positivas e de ações afirmativas capazes de igualá-los a todas as demais pessoas.

> ### Importante
>
> A investigação relativa às minorias e grupos vulneráveis opera à base do conceito de *interseccionalidade*, tal como definido por Kimberle Crenshaw em seus estudos sobre o feminismo, para quem as formas de discriminação clássicas numa sociedade não atuam independentemente umas das outras, mas se interconectam em formas plúrimas de discriminação (Crenshaw, 1989).

Este Capítulo tem por finalidade estudar especificamente os **direitos humanos dos povos indígenas e das comunidades tradicionais**.

2. DIREITOS HUMANOS DOS POVOS INDÍGENAS E COMUNIDADES TRADICIONAIS

Os povos indígenas e as comunidades tradicionais, até pouco tempo, eram considerados relativamente incapazes pelo Código Civil brasileiro de 1916, o que perdurou até o ano de 2002, com a entrada em vigor do atual Código Civil. Hoje, os direitos dessa

Cap. 12 – Direitos Humanos dos Povos Indígenas e Comunidades Tradicionais **171**

categoria de pessoas vêm ganhando espaço importante no direito internacional contemporâneo, provindo diretamente dos avanços alcançados nos últimos tempos em matéria de proteção dos direitos humanos em todo o mundo, bem como da percepção crescente dos Estados da importância em se garantir a sobrevivência dessas comunidades e de seus costumes e tradições.

A proteção especial que os povos indígenas e comunidades tradicionais obtêm do direito internacional contemporâneo decorre do fato de não poderem ingressar no âmbito de proteção restrito dos direitos *individuais* por sua própria natureza e singularidade. Para além da proteção individual de que cada qual dos seus componentes é titular, tais grupos são vítimas de **graves violações de direitos humanos**, tornando-se, também, sujeitos coletivos da proteção internacional e merecendo, assim, a tutela do direito internacional contra as agressões que podem vir a sofrer enquanto *comunidade*.

O entendimento de que somente podem vindicar direitos nos foros de proteção os indivíduos singularmente considerados não se aplica a um grupo de pessoas enquanto componentes de uma comunidade, como ocorre o caso dos povos indígenas e das comunidades tradicionais, em que as especificidades das violações de seus direitos demonstram que apenas se forem compreendidos como uma *comunidade* será possível assegurar-lhes os **direitos consagrados em instrumentos internacionais**, para além, evidentemente, da proteção individual que cada um de seus integrantes faz jus.

> ### Importante
>
> O direito constitucional brasileiro, juntamente com a Constituição canadense, de 1982, a guatemalteca, de 1985, e a nicaraguense, de 1987, já se afina ao movimento do *constitucionalismo multicultural*.

2.1. Conceito de "povos indígenas" e "comunidades tradicionais"

São *povos indígenas* os vários grupos étnicos que habitam um determinado território antes das invasões ou colonizações, e que **continuaram a se desenvolver com suas manifestações culturais e hábitos**, mantendo-se distintos dos outros setores da sociedade que atualmente vive em tal território.

Comunidades tradicionais são grupos culturalmente diferenciados e que **possuem formas próprias de organização social**, que ocupam e usam territórios e recursos naturais como condição para sua reprodução cultural, social, religiosa, ancestral e econômica. Entre eles estão, além dos povos indígenas, os quilombolas, seringueiros, pescadores artesanais, sertanejos, ciganos, entre outros.

Tanto os povos indígenas como as comunidades tradicionais compõem uma esfera de caracteres e tradições tão particulares que faz que se reconheça o indivíduo como portador de identidades complexas e que lhe seja garantido o espaço comum em que são manifestadas todas as suas particularidades definidoras.

2.2. Convenção Internacional sobre a Eliminação de Todas as Formas de Discriminação Racial (1965)

A Convenção Internacional sobre a Eliminação de todas as formas de Discriminação Racial (1965) representa o primeiro mecanismo ainda vigente relativo à proteção das populações indígenas e comunidades tradicionais, repudiando qualquer forma de discriminação racial, como determina o art. 1.º da Convenção, que define o termo "discriminação racial" como qualquer distinção, exclusão, restrição ou preferência fundadas na raça, cor, descendência ou origem nacional ou étnica, que impeça o exercício dos direitos humanos e das liberdades fundamentais.

Cap. 12 – Direitos Humanos dos Povos Indígenas e Comunidades Tradicionais **173**

Assim, para a Convenção, o conceito de discriminação ora compreendido abrange a discriminação de pessoas em razão da sua cor de pele ou em razão de sua pertinência a um grupo étnico ou a um povo indígena ou comunidade tradicional, tornando-se instrumento eficaz no combate do tratamento discriminatório conferido aos povos indígenas.

> **Importante**
>
> O primeiro instrumento destinado a tutelar a relação indígena com os demais grupos que compõem a comunidade nacional foi a Convenção n. 107 da OIT, de 1957. Todavia, tal Convenção restou completamente superada, tendo o Brasil (que a havia ratificado em 1965) a denunciado em 2002, ratificando a Convenção Sucessória n. 169, em 22.07.2002.

2.3. Da visão integracionista à sociedade pluriétnica: as Convenções n. 107 e n. 169 da OIT

A OIT, que já tutelava questões concernentes ao trabalho e sua proteção desde 1919, buscou disciplinar a proteção jurídica dos povos indígenas, tendo em vista a forma degradante com que eram forçados a trabalhar, bem como as ameaças por eles sofridas por atos de violência de pessoas físicas, o que os países de origem desses povos não puderam ou não quiseram impedir.

Assim, a partir dos anos 1950, a OIT viu-se compelida a agir, disciplinando o tema por meio da fixação de padrões mínimos de trabalho, saúde e educação pela elaboração da Convenção n. 107, em 1957, que definiu *padrões mínimos* das condições de trabalho dos povos índios, visando garantir a proteção e integração de grupos populacionais nativos e outros grupos tribais ou vivendo de tal forma em países tornados independentes. A Convenção n. 107 foi ratificada pelo Brasil em 1965.

À época da elaboração da Convenção n. 107 da OIT vigorava a acepção que entendia estarem os povos indígenas, bem como outras populações tribais e semitribais, em estágio de desenvolvimento inferior à civilização não indígena, e que, aos poucos, as comunidades autóctones se integrariam e assimilariam a cultura e o modo de vida "civilizado".

Por tal motivo, a Convenção n. 107 da OIT assegurava a proteção dos grupos aborígenes até o momento em que estes estivessem plenamente integrados à comunidade nacional, negando-lhes suas manifestações culturais. Seguindo essa lógica, para Convenção n. 107 aos índios **não era garantido o direito de permanecerem índios**, senão apenas de integrar a comunidade nacional dos países em que vivessem (arts.1.º e 2.º).

> Artigo 1.º
>
> 1. A presente Convenção se aplica:
>
> *a*) aos membros das populações tribais ou semitribais em países independentes, cujas condições sociais e econômicas *correspondem a um estágio menos adiantado que o atingido pelos outros setores da comunidade nacional* e que sejam regidas, total ou parcialmente, por costumes e tradições que lhes sejam peculiares por uma legislação especial;
>
> (...)
>
> 2. Para os fins da presente convenção, o termo 'L' abrange os grupos e as pessoas que, *embora prestes a perderem suas características tribais, não se achem ainda integrados na comunidade nacional.*
>
> 3. As populações tribais ou semitribais mencionadas nos parágrafos 1.º e 2.º do presente artigo são designadas, nos artigos que se seguem, pela expressão 'populações interessadas'.

Artigo 2.º

1. Competirá principalmente aos governos pôr em prática programas coordenados e sistemáticos com vistas à proteção das populações interessadas *e sua integração progressiva na vida dos respectivos países*. (...)" [grifo nosso].

Tal perspectiva integracionista da Convenção n. 107 exerceu enorme influência no Brasil na edição do Estatuto do Índio (Lei n. 6.001, de 19.12.1973), elaborado com o também propósito de integrar os povos indígenas à comunidade nacional em detrimento da sua própria cultura.

A **ruptura da visão integracionista** trazida pela Convenção n. 107 se deu anos depois, por meio da **Convenção n. 169 da OIT sobre Povos Indígenas e Tribais**, em vigor internacional desde 5 de setembro de 1991, aprovada no Brasil pelo Decreto Legislativo n. 143, de 20.07.2002, ratificada em 25.07.2002 e promulgada pelo Decreto n. 5.051, de 19.04.2004. Reconheceu-se que a Convenção n. 107 não mais estava de acordo com as garantias e padrões contemporâneos de direitos humanos e que a temática indígena deveria ser adequada à **nova realidade jurídica e social desde então estabelecida**. A Convenção n. 169 foi chamada de "Convenção Sucessória" em razão do seu caráter substitutivo da realidade jurídica então estabelecida pela Convenção n. 107.

No plano doméstico, um ano antes da proclamação da Convenção n. 169, veio à luz no Brasil a Constituição Federal de 1988, também elaborada sob um enfoque renovado da questão indígena, mais adaptado aos ideais de um Estado pluriétnico e multicultural.

Desta forma, a Convenção n. 169 concretizou as aspirações dos grupos indígenas e comunidades tradicionais de **conservarem suas próprias instituições sociais, econômicas, culturais e políticas** e de terem respeitados o seu estilo de vida tradicional e organização, passando-se, assim, de uma visão meramente integracionista para um olhar *garantista* dos direitos de uma sociedade pluriétnica. Trata-se do direito de autodeterminação desses povos e comunidades.

O art. 1.º da Convenção n. 169 disciplina o âmbito de aplicação do tratado, nestes termos:

> 1.º A presente convenção aplica-se:
>
> *a)* aos povos tribais em países independentes, cujas condições sociais, culturais e econômicas os distingam de outros setores da coletividade nacional, e que estejam regidos, total ou parcialmente, por seus próprios costumes ou tradições ou por legislação especial;
>
> *b)* aos povos em países independentes, considerados indígenas pelo fato de descenderem de populações que habitavam o país ou uma região geográfica pertencente ao país na época da conquista ou da colonização ou do estabelecimento das atuais fronteiras estatais e que, seja qual for sua situação jurídica, conservam todas as suas próprias instituições sociais, econômicas, culturais e políticas, ou parte delas.

Como se nota, a Convenção diferencia duas categorias de povos: os *tribais* e os *indígenas*. Os primeiros são aqueles cujas condições sociais, culturais e econômicas os diferenciam dos outros setores da coletividade nacional, estando regidos pelos seus próprios costumes, tradições ou legislação especial. Os segundos são os originários de populações que habitavam o país ou uma região geográfica a ele pertencente à época da conquista ou da colonização ou do estabelecimento de suas atuais fronteiras e que conservam todas as suas instituições sociais, econômicas, culturais e políticas.

Dentre os direitos garantidos pela Convenção n. 169, um ponto importante previsto e objeto de várias controvérsias no

Cap. 12 – Direitos Humanos dos Povos Indígenas e Comunidades Tradicionais **177**

direito brasileiro é o **direito de *propriedade* e de *posse* sobre as terras que tradicionalmente ocupam** (art. 14).

Para a Convenção, os governos deverão adotar medidas para salvaguardar o direito dos povos interessados de utilizar terras que não estejam exclusivamente ocupadas por eles, mas às quais, tradicionalmente, tenham tido acesso para suas atividades tradicionais e de subsistência, bem como medidas que sejam necessárias para *garantir a proteção efetiva dos seus direitos de propriedade e posse*. Além disso, a Convenção também preceitua a criação de procedimentos adequados no âmbito do sistema jurídico nacional para solucionar as reivindicações de terras formuladas pelos povos interessados.

Diferentemente, a Constituição brasileira de 1988 insere entre os bens da União as terras tradicionalmente ocupadas pelos índios (art. 20, XI), por eles habitadas em caráter permanente e utilizadas para suas atividades produtivas (art. 231, § 1.º), constituindo-se aí uma antinomia entre tratado internacional de direitos humanos e a Constituição.

Por fim, a OIT tem papel preponderante na **supervisão e no monitoramento do cumprimento da Convenção** pelos Estados-partes, especialmente pela impossibilidade, na estrutura da própria Organização, de os povos indígenas enviarem diretamente à Comissão de Experts na Aplicação de Convenções e Recomendações suas demandas ou notícias sobre o não cumprimento da Convenção no respectivo Estado.

> ## *Importante*
>
> *A Convenção n. 169 da OIT* inova em instituir o critério da *autoidentidade* indígena ou tribal para fins de atribuição de direitos, pelo qual cabe à própria comunidade se autoidentificar como "indígena", não podendo nenhum Estado ou

> grupo social negar-se a esse reconhecimento. No Brasil, o Decreto n. 4.887, de 20.11.2003, que regulamenta o procedimento para identificação, reconhecimento, delimitação, demarcação e titulação das terras ocupadas por remanescentes das comunidades dos quilombos de que trata o art. 68 do ADCT, igualmente se utiliza do critério da autoidentificação para determinar as comunidades quilombolas (art. 2.º, § 1.º).

Dentre os direitos garantidos pela Convenção n. 169, encontram-se os seguintes: direito dos povos indígenas e tribais de gozar plenamente dos direitos humanos e liberdades fundamentais, sem obstáculos ou discriminação (art. 3.º); direito às instituições, bens, culturas e meio ambiente (art. 4.º); reconhecimento e proteção dos valores e práticas sociais, culturais, religiosos e espirituais (art. 5.º, *a*); respeito à integridade dos seus valores, práticas e instituições (art. 5.º, *b*); direito de serem previamente consultados, mediante procedimentos apropriados e, particularmente, por meio de suas instituições representativas, cada vez que sejam previstas medidas legislativas ou administrativas suscetíveis de afetá-los diretamente (art. 6.º, § 1.º, *a*); direito de escolher suas próprias prioridades no que diz respeito ao processo de desenvolvimento, na medida em que ele afete as suas vidas, crenças, instituições e bem-estar espiritual, bem como as terras que ocupam ou utilizam de alguma forma, e de controlar, na medida do possível, o seu próprio desenvolvimento econômico, social e cultural (art. 7.º, § 1.º); direito de serem considerados seus costumes e seu direito consuetudinário na aplicação da legislação nacional (art. 8.º, § 1.º), entre tantos outros.

O direito à consulta prévia aos povos indígenas cada vez que sejam previstas medidas legislativas ou administrativas suscetíveis de afetá-los diretamente é garantido pelo art. 6.º, § 1.º,

Cap. 12 – Direitos Humanos dos Povos Indígenas e Comunidades Tradicionais **179**

a da Convenção n. 169, mas não tem sido utilizado a contento nos países da América Latina.

2.4. Marcos atuais: Convenção sobre a Proteção e a Promoção da Diversidade das Expressões Culturais (2005) e Declaração das Nações Unidas sobre os Direitos dos Povos Indígenas (2007)

Com a evolução do *sistema* protetivo dos direitos da pessoa humana, vários outros direitos indígenas e de comunidades tradicionais vêm sendo adotados pelo direito internacional público.

No plano onusiano, a Convenção sobre a Proteção e a Promoção da Diversidade das Expressões Culturais, adotada pela Unesco em 20 de outubro 2005, reconhece a importância dos sistemas de conhecimento das populações indígenas e sua contribuição para o desenvolvimento sustentável, assim como a necessidade de assegurar sua **adequada proteção e promoção**, levando em conta também a **importância da vitalidade das culturas para todos**, incluindo as pessoas que pertencem a minorias e povos indígenas, de modo a favorecer o seu próprio desenvolvimento (Considerandos 5 e 12.º da Convenção).

O marco mais recente nas questões indígenas em nível global vem representado pela *Declaração das Nações Unidas sobre os Direitos dos Povos Indígenas*, de 13 de setembro de 2007, que garante, em seu art. 1.º, o direito ao desfrute pleno de todos os direitos humanos e as liberdades fundamentais reconhecidas pela Carta das Nações Unidas, pela Declaração Universal de Direitos Humanos e pela normativa internacional dos direitos humanos. A *Declaração* afirma também serem os povos e as pessoas indígenas **livres e iguais a todos os demais povos e pessoas**, garantindo-lhes o direito a não serem objeto de nenhuma discriminação no exercício de seus direitos que esteja fundada em sua origem ou identidade indígena (art. 2.º).

A *Declaração* sobre os direitos dos povos indígenas assegura ampla gama de direitos civis, econômicos, sociais, políticos e culturais desses povos e comunidades. Assim, apesar de não ter força vinculante para os Estados, a *Declaração* tem o poder de impactar nas atividades estatais com certa dose de eficácia quando invocada, apresentando-se como **plataforma emancipatória** das populações indígenas e comunidades tradicionais.

No plano regional, a *Declaração Americana sobre os Direitos dos Povos Indígenas* foi adotada pela Assembleia Geral da OEA em 15 de junho de 2016. A partir de então foi possível ao sistema regional interamericano dialogar com o sistema das Nações Unidas no que tange à proteção dos direitos dos indígenas, complementando sobremaneira as garantias já consagradas em nível global.

> **Importante**
>
> A *Declaração das Nações Unidas sobre os Direitos dos Povos Indígenas* (2007) garante também aos povos indígenas o direito à livre determinação (art. 3.º), à autonomia e autogoverno nas questões relacionadas com seus assuntos internos e locais (art. 4.º), à conservação de suas próprias instituições políticas, jurídicas, econômicas, sociais e culturais (art. 5.º), à nacionalidade (art. 6.º), à vida, à integridade física e mental, à liberdade e à segurança (art. 7.º), a não sofrer assimilação forçada ou a destruição de sua cultura (art. 8.º), a não ser desprezados pela força de suas terras ou territórios (art. 10), a praticar e revitalizar suas tradições e costumes culturais (art. 11), a manifestar, praticar, desenvolver e ensinar suas tradições, costumes e cerimônias espirituais e religiosas (art. 12), entre outros.

Cap. 12 – Direitos Humanos dos Povos Indígenas e Comunidades Tradicionais

2.5. Proteção dos povos indígenas no sistema interamericano de direitos humanos

A proteção dos povos indígenas no sistema interamericano de direitos humanos pode ser observada na jurisprudência da Corte Interamericana de Direitos Humanos, por meio dos casos *Comunidade Mayagna (Sumo) Awas Tingni Vs. Nicarágua*, de 2001, *Comunidade Indígena Yakye Axa Vs. Paraguai*, de 2005, *Comunidade Indígena Xákmok Kásek Vs. Paraguai*, de 2010, e *Povos Kaliña e Lokono Vs. Suriname*, de 2015 (*v.* Mazzuoli; Ribeiro, 2015).

No caso *Comunidade Mayagna (Sumo) Awas Tingni Vs. Nicarágua*, a Corte Interamericana reconheceu aos povos indígenas o direito à propriedade coletiva das terras tradicionalmente ocupadas a título de tradição comunitária. Conforme o entendimento da Corte, entre os indígenas existe uma tradição comunitária sobre uma forma comunal da propriedade coletiva da terra, no sentido de que o pertencimento desta não se centra em um indivíduo, mas no grupo e sua comunidade. Foi reconhecido pela Corte que a relação com a terra não é meramente uma questão de posse e de produção, mas, sobretudo, um elemento material e espiritual coletivo do qual devem gozar plenamente.

No caso *Comunidade Indígena Yakye Axa Vs. Paraguai*, a Corte entendeu que para os povos indígenas a saúde é um conceito de compreensão coletiva, e, sendo assim, o desligamento da interação que eles mantêm com a terra é capaz de causar sérios prejuízos à saúde de todo o grupo. Isso porque a cultura dos membros das comunidades indígenas é constituída a partir de sua estreita relação com seus territórios tradicionais e os recursos que ali se encontram, por constituírem um elemento integrante de sua cosmovisão, religiosidade e, em última análise, de sua identidade cultural. Assim, a Corte Interamericana reconheceu que as afetações especiais no direito à saúde, no direito à alimentação e no acesso à água limpa impactam, de maneira aguda, o direito a uma existência digna e nas condições básicas para o exercício de outros direitos humanos, como o direito à educação e o direito à identidade cultural.

No caso *Comunidade Indígena Xákmok Kásek Vs. Paraguai*, a Corte Interamericana decidiu que devem ser assegurados às comunidades indígenas direitos especiais de proteção, à luz de suas particularidades, costumes e tradições, e de suas vulnerabilidades. Segundo a Corte, a educação e o cuidado da saúde das crianças supõem diversas medidas de proteção. A perda de práticas tradicionais afeta de forma particular o desenvolvimento e a identidade cultural dos meninos e das meninas do grupo, que não poderão desenvolver essa especial relação com o seu território tradicional, caso não sejam implementadas as medidas necessárias para garantir o desfrute desses direitos. Tais medidas de proteção são essenciais diante da **situação de extrema vulnerabilidade** dos membros da comunidade indígena, devida, entre outros fatores, à falta de recursos adequados e efetivos que protejam os seus direitos e à insuficiente presença de instituições estatais obrigadas a prestar serviços e bens aos membros da comunidade.

Por fim, no caso *Povos Kaliña e Lokono Vs. Suriname*, a Corte também reconheceu a personalidade jurídica coletiva aos povos indígenas e tribais, bem assim o direito de ostentarem títulos de propriedade coletivos. Isso porque existe entre os povos indígenas e tribais uma tradição *comunitária* sobre a propriedade coletiva da terra, no sentido de que o pertencimento a esta não se centra num único indivíduo, senão no próprio grupo e sua comunidade. Daí a importância de proteção do direito ao território coletivo que os povos indígenas têm tradicionalmente usado e ocupado. Também se reconheceu a necessidade de o Estado adotar medidas legislativas e administrativas necessárias à efetiva delimitação, demarcação e titulação das áreas

Cap. 12 – Direitos Humanos dos Povos Indígenas e Comunidades Tradicionais **183**

indígenas. Por fim, a Corte entendeu terem os povos indígenas direito à participação efetiva nas tomadas de decisão (estava em questão a concessão para extração e exploração de minério nas áreas tradicionalmente ocupadas ou a elas vinculadas) por meio de "consulta prévia" do Estado, para fins de exploração, desenvolvimento ou investimento.

É possível perceber a preocupação premente dos órgãos do sistema interamericano de direitos humanos em resguardar os direitos dos povos indígenas contra as arbitrariedades dos Estados, especialmente no que tange à garantia de uso e gozo das terras que tradicionalmente ocupam, preservando o que resta de sua dignidade, de seus usos e de suas tradições.

> **Importante**
>
> Um ponto interessante da sentença da Corte Interamericano no caso *Povos Kaliña e Lokono Vs. Suriname* é a relação da propriedade ocupada por tais povos com a proteção do meio ambiente, tendo a Corte afirmado que o uso da terra pelos povos indígenas guarda total compatibilidade com a proteção do meio ambiente, dado que certos usos tradicionais envolvem práticas de sustentabilidade e se consideram fundamentais para a eficácia das estratégias de conservação.

A Comissão Interamericana de Direitos Humanos tem recomendado aos Estados para que garantam aos povos indígenas o direito à consulta prévia, para garantir a participação efetiva desses povos na formulação, implementação e avaliação de qualquer plano de desenvolvimento, investimento, exploração ou extração que seja realizado dentro de seus territórios, em conformidade com seus costumes e tradições. Tal preocupação está ligada ao problema cada vez mais constante das concessões e autorizações para o funcionamento de indústrias extrativistas em áreas tradicionalmente ocupadas por povos indígenas na América Latina, em desconformidade com o direito à consulta prévia, sem que sejam consultados previamente os povos interessados sobre o impacto que eventual concessão ou autorização para a instalação de indústrias extrativistas pode causar em seus territórios, tampouco realizado o pagamento de indenização justa pelos danos ocasionados pela exploração (art. 29, §§ 4.º e 5.º, da *Declaração Americana sobre os Direitos dos Povos Indígenas* de 2016).

2.6. O caso da demarcação da Terra Indígena Raposa Serra do Sol

A relação dos povos indígenas com as suas terras representa o ponto nuclear da proteção de seus direitos, reconhecidos tanto pela Constituição Federal de 1988 quanto pela Convenção n. 169 da OIT. Daí a necessidade de que sejam demarcadas pelo Poder Público as terras indígenas para que fiquem protegidos e tenham os seus bens respeitados (art. 231, *caput*, da CF).

Nesse sentido, o caso da demarcação da *Terra Indígena Raposa Serra do Sol* foi julgado pelo STF em março de 2009, decidindo pela demarcação contínua da área de 1,7 milhão de hectares da reserva indígena localizada no Estado de Roraima, da maneira como determinava a Portaria n. 534/2005 do Ministro da Justiça e sendo determinada a retirada dos não índios da região, que passaria a pertencer apenas a grupos indígenas.

Importante

O caso da demarcação da *Terra Indígena Raposa Serra do Sol* foi julgado pelo STF em março de 2009, após o presidente Luiz Inácio Lula da Silva ter homologado a Portaria

Cap. 12 – Direitos Humanos dos Povos Indígenas e Comunidades Tradicionais **185**

n. 534/2005, do Ministro da Justiça, que demarcava a área da referida terra indígena localizada no Estado de Roraima, dando prazo de um ano aos não índios para abandonarem a terra. Nesse ínterim, várias ações foram propostas na Justiça tentando anular a demarcação, até a questão chegar ao Supremo Tribunal Federal, que adjudicou a ação em razão do conflito federativo entre a União e o Estado de Roraima, tal como prevê o art. 102, I, *f*, da Constituição.

Alegou-se no STF que o Estado de Roraima sofreria graves prejuízos com a saída dos não índios da região, na sua maioria produtores de arroz, e que o Estado seria afetado em sua economia, uma vez que 46% da área de toda Roraima seria de reservas indígenas, além de 26% de áreas de conservação, o que estaria a abranger mais da metade do território do Estado, não deixando margem para o seu desenvolvimento econômico.

Ao final, o STF decidiu pela demarcação contínua da área de 1,7 milhão de hectares da respectiva reserva indígena, da maneira como determinava a Portaria n. 534/2005 do Ministro da Justiça, determinando a retirada dos não índios da região.

Da decisão do STF foram opostos embargos de declaração, julgados em 24 de outubro de 2013. Na decisão dos embargos, o STF garantiu os direitos consagrados aos povos indígenas, restringindo, porém, a aplicação da decisão apenas para aquele caso concreto, sem efeitos vinculantes para outros casos de demarcação de terras indígenas.

2.7. Declaração Americana sobre os Direitos dos Povos Indígenas (2016)

A *Declaração Americana sobre os Direitos dos Povos Indígenas*, aprovada em 15 de junho de 2016 pela OEA, é o primeiro instrumento, no âmbito da OEA, a reconhecer os direitos dos povos indígenas de maneira ampla, oferecendo proteção específica para esse grupo de pessoas na América do Norte, América Central, América do Sul e no Caribe.

A *Declaração* da OEA representa novo marco à proteção dos direitos dos povos indígenas no Continente Americano, uma vez que passa a orientar as atividades dos Estados e dos órgãos de monitoramento do sistema interamericano de direitos humanos (em especial da Comissão e Corte Interamericana de Direitos Humanos) no que tange aos direitos desse grupo de pessoas.

Temas como a participação dos povos indígenas nas tomadas de decisão do Estado, sobretudo pelo consentimento prévio, livre e informado, bem assim ligados à livre-determinação, à identidade cultural, às terras, ao meio ambiente e aos recursos de que dispõem foram trazidos na *Declaração*.

O critério adotado pelo instrumento para determinar os sujeitos de direito protegidos é o da *autoidentificação*, pelo qual cabe à própria pessoa ou comunidade se autoidentificar como "indígena". Como decorrência, a *Declaração* exige dos Estados que respeitem o direito à autoidentificação como indígena de forma individual ou coletiva, conforme as práticas e instituições próprias de cada povo indígena (Artigo I). O mesmo critério, como se viu, foi também adotado pela Convenção n. 169 da OIT (art. 1.º, 2).

AG/RES. 2888 (XLVI-O/16) DECLARAÇÃO AMERICANA SOBRE OS DIREITOS DOS POVOS INDÍGENAS

(Aprovada na terceira sessão plenária, realizada em 15 de junho de 2016)

A ASSEMBLEIA GERAL,

RECORDANDO o conteúdo da resolução AG/RES. 2867 (XLIV--O/14), "Projeto de Declaração Americana sobre os Direitos dos Povos Indígenas", bem como de todas as resoluções anteriores relacionadas a esse tema;

RECORDANDO TAMBÉM a "Declaração sobre os Direitos dos Povos Indígenas nas Américas" [AG/ DEC. 79 (XLIV-O/14)], que reafirma como prioridade da Organização dos Estados Americanos avançar na promoção e na proteção efetiva dos direitos dos povos indígenas das Américas;

RECONHECENDO o valioso apoio ao processo no âmbito do Grupo de Trabalho Encarregado de Elaborar um Projeto de Declaração Americana sobre os Direitos dos Povos Indígenas, por parte dos Estados-membros, Estados Observadores e órgãos, organismos e entidades da Organização dos Estados Americanos;

RECONHECENDO TAMBÉM a importante participação dos povos indígenas das Américas no processo de elaboração desta Declaração; e

LEVANDO EM CONTA a significativa contribuição dos povos indígenas das Américas para a humanidade,

RESOLVE:

Aprovar a seguinte Declaração Americana sobre os Direitos dos Povos Indígenas:[1-2]

DECLARAÇÃO AMERICANA SOBRE OS DIREITOS DOS POVOS INDÍGENAS

PREÂMBULO

Os Estados-membros da Organização dos Estados Americanos (doravante os "Estados"),

RECONHECENDO:

Que os direitos dos povos indígenas constituem um aspecto fundamental e de importância histórica para o presente e o futuro das Américas;

A importante presença de povos indígenas nas Américas e sua imensa contribuição para o desenvolvimento, a pluralidade e a diversidade cultural de nossas sociedades, e reiterando nosso compromisso com seu bem-estar econômico e social, bem como a obrigação de respeitar seus direitos e sua identidade cultural; e

A importância da existência dos povos e das culturas indígenas das Américas para a humanidade;

REAFIRMANDO que os povos indígenas são sociedades originárias, diversas e com identidade própria, que fazem parte integrante das Américas;

PREOCUPADOS com o fato de que os povos indígenas sofreram injustiças históricas como resultado, entre outros aspectos, da colonização e de terem sido despojados de suas terras, territórios e recursos, o que os impediu de exercer, em especial, seu direito ao desenvolvimento, de acordo com suas próprias necessidades e interesses;

RECONHECENDO a urgente necessidade de respeitar e promover os direitos intrínsecos dos povos indígenas que decorrem de suas estruturas políticas, econômicas e sociais, e de suas culturas, de suas tradições espirituais, de sua história e de sua filosofia, especialmente os direitos a suas terras, territórios e recursos;

RECONHECENDO TAMBÉM que o respeito aos conhecimentos, às culturas e às práticas tradicionais indígenas contribui para o desenvolvimento sustentável e equitativo e para a ordenação adequada do meio ambiente;

TENDO PRESENTES os avanços obtidos no âmbito internacional no reconhecimento dos direitos dos povos indígenas, em especial a Convenção 169 da Organização Internacional do Trabalho e a Declaração das Nações Unidas sobre os Direitos dos Povos Indígenas;

TENDO PRESENTE TAMBÉM o progresso nacional constitucional, legislativo e jurisprudencial alcançado nas Américas na garantia, promoção e proteção dos direitos dos povos indígenas, bem como a vontade política dos Estados de continuar avançando no reconhecimento dos direitos dos povos indígenas das Américas;

RECORDANDO os compromissos assumidos pelos Estados-membros para garantir, promover e proteger os direitos e instituições dos povos indígenas, inclusive os assumidos na Terceira e na Quarta Cúpula das Américas;

RECORDANDO TAMBÉM a universalidade, a indivisibilidade e interdependência dos direitos humanos reconhecidos pelo direito internacional;

CONVENCIDOS de que o reconhecimento dos direitos dos povos indígenas na presente Declaração promoverá relações harmoniosas e de cooperação entre os Estados e os povos indígenas, baseadas nos princípios da justiça, da democracia, do respeito aos direitos humanos, da não discriminação e da boa-fé;

CONSIDERANDO a importância de se eliminar todas as formas de discriminação que possam afetar os povos indígenas e levando em conta a responsabilidade dos Estados de combatê-las; e

INCENTIVANDO os Estados a que respeitem e cumpram eficazmente todas as obrigações para com os povos indígenas decorrentes dos instrumentos internacionais, em especial as relativas aos direitos humanos, em consulta e cooperação com os povos interessados,

DECLARAM:

PRIMEIRA SEÇÃO: Povos indígenas. Âmbito de aplicação e alcance

Artigo I

1. A Declaração Americana sobre os Direitos dos Povos Indígenas aplica-se aos povos indígenas das Américas.

2. A autoidentificação como povo indígena será um critério fundamental para determinar a quem se aplica a presente Declaração. Os Estados respeitarão o direito a essa autoidentificação como indígena, de forma individual ou coletiva, conforme as práticas e instituições próprias de cada povo indígena.

Artigo II

Os Estados reconhecem e respeitam o caráter pluricultural e multilíngue dos povos indígenas que fazem parte integrante de suas sociedades.

Artigo III

Os povos indígenas têm direito à livre determinação. Em virtude desse direito, definem livremente sua condição política e buscam livremente seu desenvolvimento econômico, social e cultural.

Artigo IV

Nenhuma disposição da presente Declaração será interpretada no sentido de que se confere a um Estado, povo, grupo ou pessoa direito algum de participar de atividade ou realizar ato contrários à Carta da Organização dos Estados Americanos e à Carta das Nações Unidas, nem se entenderá no sentido de que se autoriza ou promove ação alguma destinada a prejudicar ou depreciar, total ou parcialmente, a integridade territorial ou a unidade política de Estados soberanos e independentes.

SEGUNDA SEÇÃO: Direitos humanos e direitos coletivos

Artigo V – *Plena vigência dos direitos humanos*

Os povos e as pessoas indígenas têm direito ao gozo pleno de todos os direitos humanos e liberdades fundamentais reconhecidos na Carta das Nações Unidas, na Carta da Organização dos Estados Americanos e no Direito Internacional dos Direitos Humanos.

Artigo VI – *Direitos coletivos*

Os povos indígenas têm os direitos coletivos indispensáveis para sua existência, bem-estar e desenvolvimento integral como povos. Nesse sentido, os Estados reconhecem e respeitam o direito dos povos indígenas à ação coletiva; a seus sistemas ou instituições jurídicos, sociais, políticos e econômicos; às próprias culturas; a professar e praticar suas crenças espirituais; a usar suas próprias línguas e idiomas; e a suas terras, territórios e recursos. Os Estados promoverão, com a participação plena e efetiva dos povos indígenas, a coexistência harmônica dos direitos e sistemas dos grupos populacionais e culturas.

Cap. 12 – Direitos Humanos dos Povos Indígenas e Comunidades Tradicionais

Artigo VII – *Igualdade de gênero*

1. As mulheres indígenas têm direito ao reconhecimento, proteção e gozo de todos os direitos humanos e liberdades fundamentais constantes do Direito Internacional, livres de todas as formas de discriminação.

2. Os Estados reconhecem que a violência contra as pessoas e os povos indígenas, especialmente contra as mulheres, impede ou anula o gozo de todos os direitos humanos e liberdades fundamentais.

3. Os Estados adotarão as medidas necessárias, em conjunto com os povos indígenas, para prevenir e erradicar todas as formas de violência e discriminação, em especial contra as mulheres e crianças indígenas.

Artigo VIII – *Direito de pertencer a povos indígenas*

As pessoas e comunidades indígenas têm o direito de pertencer a um ou a vários povos indígenas, de acordo com a identidade, tradições, costumes e sistemas de pertencimento de cada povo. Do exercício desse direito não pode decorrer discriminação de nenhum tipo.

Artigo IX – *Personalidade jurídica*

Os Estados reconhecerão plenamente a personalidade jurídica dos povos indígenas, respeitando as formas de organização indígenas e promovendo o exercício pleno dos direitos reconhecidos nesta Declaração.

Artigo X – *Repúdio à assimilação*

1. Os povos indígenas têm o direito de manter, expressar e desenvolver livremente sua identidade cultural em todos os seus aspectos, livre de toda intenção externa de assimilação.

2. Os Estados não deverão desenvolver, adotar, apoiar ou favorecer política alguma de assimilação dos povos indígenas nem de destruição de suas culturas.

Artigo XI – *Proteção contra o genocídio*

Os povos indígenas têm o direito de não ser objeto de forma alguma de genocídio ou intenção de extermínio.

Artigo XII – *Garantias contra o racismo, a discriminação racial, a xenofobia e outras formas conexas de intolerância*

Os povos indígenas têm o direito de não ser objeto de racismo, discriminação racial, xenofobia ou outras formas conexas de intolerância. Os Estados adotarão as medidas preventivas e corretivas necessárias para a plena e efetiva proteção desse direito.

TERCEIRA SEÇÃO: Identidade Cultural

Artigo XIII – *Direito à identidade e à integridade cultural*

1. Os povos indígenas têm direito a sua própria identidade e integridade cultural e a seu patrimônio cultural, tangível e intangível, inclusive o histórico e ancestral, bem como à proteção, preservação, manutenção e desenvolvimento desse patrimônio cultural para sua continuidade coletiva e a de seus membros, e para transmiti-lo às gerações futuras.

2. Os Estados oferecerão reparação por meio de mecanismos eficazes, que poderão incluir a restituição, estabelecidos juntamente com os povos indígenas, a respeito dos bens culturais, intelectuais, religiosos e espirituais de que tenham sido privados sem seu consentimento livre, prévio e informado, ou em violação de suas leis, tradições e costumes.

3. Os povos indígenas têm direito a que se reconheçam e respeitem todas as suas formas de vida, cosmovisões, espiritualidade, usos e costumes, normas e tradições, formas de organização social, econômica e política, formas de transmissão do conhecimento, instituições, práticas, crenças, valores, indumentária e línguas, reconhecendo sua inter-relação, tal como se dispõe nesta Declaração.

Artigo XIV – *Sistemas de conhecimento, linguagem e comunicação*

1. Os povos indígenas têm o direito de preservar, usar, desenvolver, revitalizar e transmitir a gerações futuras suas próprias histórias, línguas, tradições orais, filosofias, sistemas de conhecimento, escrita e literatura; e a designar e manter seus próprios nomes para suas comunidades, indivíduos e lugares.

Cap. 12 – Direitos Humanos dos Povos Indígenas e Comunidades Tradicionais

2. Os Estados adotarão medidas adequadas e eficazes para proteger o exercício desse direito com a participação plena e efetiva dos povos indígenas.

3. Os povos indígenas têm direito de promover e desenvolver todos os seus sistemas e meios de comunicação, inclusive seus próprios programas de rádio e televisão, e de ter acesso, em pé de igualdade, a todos os demais meios de comunicação e informação. Os Estados tomarão medidas para promover a transmissão de programas de rádio e televisão em língua indígena, especialmente em regiões de presença indígena. Os Estados apoiarão e promoverão a criação de empresas de rádio e televisão indígenas, bem como outros meios de informação e comunicação.

4. Os Estados, em conjunto com os povos indígenas, envidarão esforços para que esses povos possam compreender e se fazer compreender em suas próprias línguas em processos administrativos, políticos e judiciais, providenciando-lhes, caso seja necessário, intérpretes ou outros meios eficazes.

Artigo XV – *Educação*

1. Os povos e pessoas indígenas, em especial as crianças indígenas, têm direito a todos os níveis e formas de educação, sem discriminação.

2. Os Estados e os povos indígenas, em concordância com o princípio de igualdade de oportunidades, promoverão a redução das disparidades na educação entre os povos indígenas e não indígenas.

3. Os povos indígenas têm o direito de estabelecer e controlar seus sistemas e instituições docentes que ministrem educação em seus próprios idiomas, em consonância com seus métodos culturais de ensino e aprendizagem.

4. Os Estados, em conjunto com os povos indígenas, adotarão medidas eficazes para que as pessoas indígenas, em especial as crianças, que vivam fora de suas comunidades, possam ter acesso à educação em suas próprias línguas e culturas.

5. Os Estados promoverão relações interculturais harmônicas, assegurando nos sistemas educacionais estatais currículos com conteúdo que reflita a natureza pluricultural e multilingue de suas sociedades, e que incentivem o respeito e o conhecimento das diversas culturas indígenas. Os Estados, em conjunto com os povos indígenas, incentivarão a educação intercultural que reflita as cosmovisões, histórias, línguas, conhecimentos, valores, culturas, práticas e formas de vida desses povos.

6. Os Estados, em conjunto com os povos indígenas, tomarão as medidas necessárias e eficazes para o exercício e cumprimento desses direitos.

Artigo XVI – *Espiritualidade indígena*

1. Os povos indígenas têm o direito de exercer livremente sua própria espiritualidade e crenças e, em virtude disso, de praticar, desenvolver, transmitir e ensinar suas tradições, costumes e cerimônias, e a realizá-las tanto em público como privadamente, individual e coletivamente.

2. Nenhum povo ou pessoa será sujeito a pressões ou imposições, ou a qualquer outro tipo de medida coercitiva que afete ou limite seu direito de exercer livremente sua espiritualidade e suas crenças indígenas.

3. Os povos indígenas têm o direito de preservar e proteger seus lugares sagrados e de ter acesso a eles, inclusive seus lugares de sepultamento, a usar e controlar suas relíquias e objetos sagrados e a recuperar seus restos humanos.

4. Os Estados, em conjunto com os povos indígenas, adotarão medidas eficazes para promover o respeito à espiritualidade e às crenças indígenas e proteger a integridade dos símbolos, práticas, cerimônias, expressões e formas espirituais dos povos indígenas, em conformidade com o Direito Internacional.

Artigo XVII – *Família indígena*

1. A família é o elemento natural e fundamental da sociedade. Os povos indígenas têm o direito de preservar, manter e promover seus próprios sistemas de família. Os Estados

reconhecerão, respeitarão e protegerão as diferentes formas indígenas de família, em especial a família extensa, bem como suas formas de união matrimonial, filiação, descendência e nome familiar. Em todos os casos, se reconhecerá e respeitará a igualdade de gênero e geracional.

2. Em assuntos relativos à custódia, adoção, ruptura do vínculo familiar e assuntos similares, o interesse superior da criança será considerado primordial. Na determinação do interesse superior da criança, os tribunais e outras instituições relevantes terão presente o direito de toda criança indígena, em comum com membros de seu povo, de desfrutar de sua própria cultura, de professar e praticar sua própria religião ou de falar sua própria língua e, nesse sentido, será considerado o direito indígena do povo respectivo e seu ponto de vista, direitos e interesses, inclusive as posições dos indivíduos, da família e da comunidade.

Artigo XVIII – *Saúde*

1. Os povos indígenas têm o direito, de forma coletiva e individual, de desfrutar do mais alto nível possível de saúde física, mental e espiritual.

2. Os povos indígenas têm direito a seus próprios sistemas e práticas de saúde, bem como ao uso e à proteção das plantas, animais e minerais de interesse vital, e de outros recursos naturais de uso medicinal em suas terras e territórios ancestrais.

3. Os Estados tomarão medidas para prevenir e proibir que os povos e as pessoas indígenas sejam objeto de programas de pesquisa, experimentação biológica ou médica, bem como de esterilização, sem seu consentimento prévio livre e fundamentado. Os povos e as pessoas indígenas também têm o direito, conforme seja o caso, de acesso a seus próprios dados, prontuários médicos e documentos de pesquisa conduzida por pessoas e instituições públicas ou privadas.

4. Os povos indígenas têm o direito de utilizar, sem discriminação alguma, todas as instituições e serviços de saúde e atendimento médico acessíveis à população em geral.

Os Estados, em consulta e coordenação com os povos indígenas, promoverão sistemas ou práticas interculturais nos serviços médicos e sanitários prestados nas comunidades indígenas, inclusive a formação de técnicos e profissionais indígenas de saúde.

5. Os Estados garantirão o exercício efetivo dos direitos constantes deste artigo.

Artigo XIX – *Direito à proteção do meio ambiente sadio*

1. Os povos indígenas têm direito a viver em harmonia com a natureza e a um meio ambiente sadio, seguro e sustentável, condições essenciais para o pleno gozo do direito à vida, a sua espiritualidade e cosmovisão e ao bem-estar coletivo.

2. Os povos indígenas têm direito a conservar, restaurar e proteger o meio ambiente e ao manejo sustentável de suas terras, territórios e recursos.

3. Os povos indígenas têm direito a proteção contra a introdução, abandono, dispersão, trânsito, uso indiscriminado ou depósito de qualquer material perigoso que possa afetar negativamente as comunidades, terras, territórios e recursos indígenas.

4. Os povos indígenas têm direito à conservação e proteção do meio ambiente e da capacidade produtiva de suas terras ou territórios e recursos. Os Estados deverão estabelecer e executar programas de assistência aos povos indígenas para assegurar essa conservação e proteção, sem discriminação.

QUARTA SEÇÃO: Direitos de organização e políticos

Artigo XX – *Direitos de associação, reunião, liberdade de expressão e pensamento*

1. Os povos indígenas têm os direitos de associação, reunião, organização e expressão, e a exercê-los sem interferências e de acordo com, entre outros, sua cosmovisão, seus valores, usos, costumes, tradições ancestrais, crenças, espiritualidade e outras práticas culturais.

Cap. 12 – Direitos Humanos dos Povos Indígenas e Comunidades Tradicionais 197

2. Os povos indígenas têm direito de se reunir em seus lugares e espaços sagrados e cerimoniais. Para essa finalidade, terão o direito de usá-los e de a eles ter livre acesso.

3. Os povos indígenas, em especial os que estejam divididos por fronteiras internacionais, têm direito a transitar, manter, desenvolver contatos, relações e cooperação direta, inclusive atividades de caráter espiritual, cultural, político, econômico e social, com os membros de seu povo e com outros povos.

4. Os Estados adotarão, em consulta e cooperação com os povos indígenas, medidas efetivas para facilitar o exercício e assegurar a aplicação desses direitos.

Artigo XXI – *Direito à autonomia ou à autogovernança*

1. Os povos indígenas, no exercício de seu direito à livre determinação, têm direito à autonomia ou ao autogoverno nas questões relacionadas com seus assuntos internos e locais, bem como a dispor de meios para financiar suas funções autônomas.

2. Os povos indígenas têm direito a manter e desenvolver suas próprias instituições indígenas de decisão. Têm também direito de participar da tomada de decisões nas questões que afetam seus direitos. Poderão fazê-lo diretamente ou por meio de seus representantes, de acordo com suas próprias normas, procedimentos e tradições. Têm ainda direito à igualdade de oportunidades de participar plena e efetivamente, como povos, de todas as instituições e foros nacionais, e a eles ter acesso, inclusive os órgãos deliberativos.

Artigo XXII – *Direito e jurisdição indígena*

1. Os povos indígenas têm direito a promover, desenvolver e manter suas estruturas institucionais e seus próprios costumes, espiritualidade, tradições, procedimentos, práticas e, quando existam, costumes ou sistemas jurídicos, em conformidade com as normas internacionais de direitos humanos.

2. O direito e os sistemas jurídicos indígenas serão reconhecidos e respeitados pela ordem jurídica nacional, regional e internacional.

3. Os assuntos referentes a pessoas indígenas ou a seus direitos ou interesses na jurisdição de cada Estado serão conduzidos de maneira a proporcionar aos indígenas o direito de plena representação com dignidade e igualdade perante a lei. Por conseguinte, têm direito, sem discriminação, à igual proteção e benefício da lei, inclusive ao uso de intérpretes linguísticos e culturais.

4. Os Estados tomarão medidas eficazes, em conjunto com os povos indígenas, para assegurar a implementação deste Artigo.

Artigo XXIII – *Participação dos povos indígenas e contribuições dos sistemas legais e de organização indígenas*

1. Os povos indígenas têm direito à participação plena e efetiva, por meio de representantes por eles eleitos, em conformidade com suas próprias instituições, na tomada de decisões nas questões que afetem seus direitos e que tenham relação com a elaboração e execução de leis, políticas públicas, programas, planos e ações relacionadas com os assuntos indígenas.

2. Os Estados realizarão consultas e cooperarão de boa-fé com os povos indígenas interessados por meio de suas instituições representativas antes de adotar e aplicar medidas legislativas ou administrativas que os afetem, a fim de obter seu consentimento livre, prévio e informado.[3]

Artigo XXIV – *Tratados, acordos e outros pactos construtivos*

1. Os povos indígenas têm direito ao reconhecimento, observância e aplicação dos tratados, acordos e outros pactos construtivos concertados com os Estados, e seus sucessores, em conformidade com seu verdadeiro espírito e intenção, de boa-fé, e a fazer com que sejam respeitados e acatados pelos Estados. Os Estados dispensarão a devida consideração ao entendimento que os povos indígenas tenham dos tratados, acordos e outros pactos construtivos.

Cap. 12 – Direitos Humanos dos Povos Indígenas e Comunidades Tradicionais **199**

2. Quando as controvérsias não puderem ser resolvidas entre as partes em relação a esses tratados, acordos e outros pactos construtivos, serão submetidas aos órgãos competentes, inclusive os órgãos regionais e internacionais, pelos Estados ou pelos povos indígenas interessados.

3. Nenhuma disposição desta Declaração será interpretada de maneira que prejudique ou suprima os direitos dos povos indígenas que figurem em tratados, acordos e outros pactos construtivos.

QUINTA SEÇÃO: Direitos sociais, econômicos e de propriedade

Artigo XXV – *Formas tradicionais de propriedade e sobrevivência cultural. Direito a terras, territórios e recursos*

1. Os povos indígenas têm direito a manter e fortalecer sua própria relação espiritual, cultural e material com suas terras, territórios e recursos, e a assumir suas responsabilidades para conservá-los para eles mesmos e para as gerações vindouras.

2. Os povos indígenas têm direito às terras e territórios bem como aos recursos que tradicionalmente tenham ocupado, utilizado ou adquirido, ou de que tenham sido proprietários.

3. Os povos indígenas têm direito à posse, utilização, desenvolvimento e controle das terras, territórios e recursos de que sejam proprietários, em razão da propriedade tradicional ou outro tipo tradicional de ocupação ou utilização, bem como àqueles que tenham adquirido de outra forma.

4. Os Estados assegurarão o reconhecimento e a proteção jurídica dessas terras, territórios e recursos. Esse reconhecimento respeitará devidamente os costumes, as tradições e os sistemas de posse da terra dos povos indígenas de que se trate.

5. Os povos indígenas têm direito ao reconhecimento legal das modalidades e formas diversas e particulares de propriedade, posse ou domínio de suas terras, territórios e recursos, de acordo com o ordenamento jurídico de cada Estado e os instrumentos internacionais pertinentes. Os

Estados estabelecerão os regimes especiais apropriados para esse reconhecimento e sua efetiva demarcação ou titulação.

Artigo XXVI – *Povos indígenas em isolamento voluntário ou em contato inicial*

1. Os povos indígenas em isolamento voluntário ou em contato inicial têm direito a permanecer nessa condição e a viver livremente e de acordo com suas culturas.

2. Os Estados adotarão políticas e medidas adequadas, com o conhecimento e a participação dos povos e das organizações indígenas, para reconhecer, respeitar e proteger as terras, territórios, o meio ambiente e as culturas desses povos, bem como sua vida e integridade individual e coletiva.

Artigo XXVII – *Direitos trabalhistas*

1. Os povos e as pessoas indígenas têm os direitos e as garantias reconhecidas pela legislação trabalhista nacional e pelo direito trabalhista internacional. Os Estados adotarão todas as medidas especiais para prevenir, punir e reparar a discriminação de que os povos e as pessoas indígenas sejam objeto.

2. Os Estados, em conjunto com os povos indígenas, deverão adotar medidas imediatas e eficazes para eliminar práticas de exploração do trabalho com respeito aos povos indígenas, em especial as crianças, as mulheres e os idosos indígenas.

3. Caso os povos indígenas não estejam protegidos eficazmente pelas leis aplicáveis aos trabalhadores em geral, os Estados, em conjunto com os povos indígenas, tomarão todas as medidas que possam ser necessárias para:

a. proteger os trabalhadores e empregados indígenas no que se refere à contratação em condições de emprego justas e igualitárias, tanto nos sistemas de trabalho formais como nos informais;

b. estabelecer, aplicar ou melhorar a inspeção do trabalho e a aplicação de normas com especial atenção, entre outros, a regiões, empresas ou atividades laborais de que participem trabalhadores ou empregados indígenas;

c. estabelecer, aplicar ou fazer cumprir as leis de maneira que tanto trabalhadoras como trabalhadores indígenas:

i. gozem de igualdade de oportunidades e de tratamento em todos os termos, condições e benefícios de emprego, inclusive formação e capacitação, de acordo com a legislação nacional e o Direito Internacional;

ii. gozem do direito de associação, do direito de estabelecer organizações sindicais e de participar de atividades sindicais, bem como do direito de negociar de forma coletiva com empregadores, por meio de representantes de sua escolha ou organizações de trabalhadores, inclusive suas autoridades tradicionais;

iii. não estejam sujeitos a discriminação ou assédio por motivos de, entre outros, raça, sexo, origem ou identidade indígena;

iv. não estejam sujeitos a sistemas de contratação coercitivos, inclusive a escravidão por dívidas ou qualquer outra forma de trabalho forçado ou obrigatório, caso este acordo trabalhista tenha origem na lei, no costume ou em um pacto individual ou coletivo, caso em que o acordo trabalhista será absolutamente nulo e sem valor;

v. não sejam forçados a condições de trabalho nocivas para sua saúde e segurança pessoal; e que estejam protegidos de trabalhos que não cumpram as normas de saúde ocupacional e de segurança; e

vi. recebam proteção legal plena e efetiva, sem discriminação, quando prestem serviços como trabalhadores sazonais, eventuais ou migrantes, bem como quando sejam contratados por empregadores, de maneira que recebam os benefícios da legislação e da prática nacionais, os quais devem ser compatíveis com o direito e as normas internacionais de direitos humanos para essa categoria de trabalhador.

d. assegurar que os trabalhadores indígenas e seus empregadores estejam informados sobre os direitos dos trabalhadores indígenas segundo as normas nacionais e o Direito Internacional e as normas indígenas, e sobre os recursos e ações de que disponham para proteger esses direitos.

4. Os Estados adotarão medidas para promover o emprego das pessoas indígenas.

Artigo XXVIII – *Proteção do patrimônio cultural e da propriedade intelectual*

1. Os povos indígenas têm direito ao pleno reconhecimento e respeito à propriedade, domínio, posse, controle, desenvolvimento e proteção de seu patrimônio cultural material e imaterial, e propriedade intelectual, inclusive sua natureza coletiva, transmitidos por milênios, de geração a geração.

2. A propriedade intelectual coletiva dos povos indígenas compreende, entre outros, os conhecimentos e expressões culturais tradicionais entre os quais se encontram os conhecimentos tradicionais associados aos recursos genéticos, aos desenhos e aos procedimentos ancestrais, as manifestações culturais, artísticas, espirituais, tecnológicas e científicas, o patrimônio cultural material e imaterial, bem como os conhecimentos e desenvolvimentos próprios relacionados com a biodiversidade e a utilidade e qualidades das sementes, das plantas medicinais, da flora e da fauna.

3. Os Estados, com a participação plena e efetiva dos povos indígenas, adotarão as medidas necessárias para que os acordos e regimes nacionais ou internacionais disponham o reconhecimento e a proteção adequada do patrimônio cultural e da propriedade intelectual associada a esse patrimônio dos povos indígenas. Para a adoção dessas medidas, serão realizadas consultas destinadas a obter o consentimento livre, prévio e informado dos povos indígenas.

Artigo XXIX – *Direito ao desenvolvimento*

1. Os povos indígenas têm direito a manter e determinar suas próprias prioridades em relação ao seu desenvolvimento político, econômico, social e cultural, em conformidade com sua própria cosmovisão. Têm também direito à

Cap. 12 – Direitos Humanos dos Povos Indígenas e Comunidades Tradicionais

garantia do desfrute de seus próprios meios de subsistência e desenvolvimento e a dedicar-se livremente a todas as suas atividades econômicas.

2. Esse direito inclui a elaboração das políticas, planos, programas e estratégias para o exercício de seu direito ao desenvolvimento e à implementação de acordo com sua organização política e social, normas e procedimentos, e suas próprias cosmovisões e instituições.

3. Os povos indígenas têm direito a participar ativamente da elaboração e determinação dos programas de desenvolvimento que lhes digam respeito e, na medida do possível, administrar esses programas mediante suas próprias instituições.

4. Os Estados realizarão consultas e cooperarão de boa-fé com os povos indígenas interessados por meio de suas próprias instituições representativas a fim de obter seu consentimento livre e fundamentado antes de aprovar qualquer projeto que afete suas terras ou territórios e outros recursos, especialmente em relação ao desenvolvimento, à utilização ou à exploração de recursos minerais, hídricos ou de outro tipo.[5]

5. Os povos indígenas têm direito a medidas eficazes para reduzir os impactos adversos ecológicos, econômicos, sociais, culturais ou espirituais decorrentes da execução de projetos de desenvolvimento que afetem seus direitos. Os povos indígenas que tenham sido despojados de seus próprios meios de subsistência e desenvolvimento têm direito à restituição e, quando não seja possível, à indenização justa e equitativa, o que inclui o direito à compensação por qualquer dano que lhes tenha sido causado pela execução de planos, programas ou projetos do Estado, de organismos financeiros internacionais ou de empresas privadas.

Artigo XXX – *Direito à paz, à segurança e à proteção*

1. Os povos indígenas têm direito à paz e à segurança.

2. Os povos indígenas têm direito ao reconhecimento e ao respeito de suas próprias instituições para a manutenção de sua organização e controle de suas comunidades e povos.

3. Os povos indígenas têm direito à proteção e segurança em situações ou períodos de conflito armado interno ou internacional, em conformidade com o Direito Internacional Humanitário.

4. Os Estados, em cumprimento aos acordos internacionais em que são Partes, em especial o Direito Internacional Humanitário e o Direito Internacional dos Direitos Humanos, inclusive a Quarta Convenção de Genebra, de 1949, relativa à proteção devida às pessoas civis em tempo de guerra, e o Protocolo II de 1977, relativo à proteção das vítimas dos conflitos armados sem caráter internacional, em caso de conflitos armados, tomarão medidas adequadas para proteger os direitos humanos, as instituições, as terras, os territórios e os recursos dos povos indígenas e suas comunidades. Os Estados:

a. Não recrutarão crianças e adolescentes indígenas para servir nas forças armadas em nenhuma circunstância;

b. Tomarão medidas de reparação efetiva devido a prejuízos ou danos ocasionados por um conflito armado, juntamente com os povos indígenas afetados, e proporcionarão os recursos necessários a essas medidas; e

c. Tomarão medidas especiais e efetivas, em colaboração com os povos indígenas, para garantir que as mulheres e crianças indígenas vivam livres de toda forma de violência, especialmente sexual, e garantirão o direito de acesso à justiça, à proteção e à reparação efetiva dos danos causados às vítimas.

5. Não serão realizadas atividades militares nas terras ou nos territórios dos povos indígenas, salvo se justificado por uma razão de interesse público pertinente ou se tiver sido acordado livremente com os povos indígenas interessados ou se estes o tiverem solicitado.[4]

SEXTA SEÇÃO: Disposições gerais

Artigo XXXI

1. Os Estados garantirão o pleno gozo dos direitos civis, políticos, econômicos, sociais e culturais dos povos indígenas,

bem como seu direito de manter sua identidade cultural e espiritual, sua tradição religiosa e sua cosmovisão, seus valores e a proteção de seus lugares sagrados e de culto, além de todos os direitos humanos constantes da presente Declaração.

2. Os Estados promoverão, com a participação plena e efetiva dos povos indígenas, a adoção das medidas legislativas e de outra natureza que sejam necessárias para tornar efetivos os direitos reconhecidos nesta Declaração.

Artigo XXXII

Todos os direitos e liberdades reconhecidos na presente Declaração serão garantidos igualmente às mulheres e aos homens indígenas.

Artigo XXXIII

Os povos e pessoas indígenas têm direito a recursos efetivos e adequados, inclusive os recursos judiciais expeditos, para a reparação de toda violação de seus direitos coletivos e individuais. Os Estados, com a participação plena e efetiva dos povos indígenas, disporão os mecanismos necessários para o exercício desse direito.

Artigo XXXIV

No caso de conflitos e controvérsias com os povos indígenas, os Estados disporão, com a participação plena e efetiva desses povos, mecanismos e procedimentos justos, equitativos e eficazes para sua pronta solução. Para essa finalidade, se dispensará a devida consideração e reconhecimento aos costumes, às tradições, às normas ou aos sistemas jurídicos dos povos indígenas interessados.

Artigo XXXV

Nada nesta Declaração pode ser interpretado no sentido de limitar, restringir ou negar de maneira alguma os direitos humanos, ou no sentido de autorizar ação alguma que não esteja de acordo com o Direito Internacional dos Direitos Humanos.

Artigo XXXVI

No exercício dos direitos enunciados na presente Declaração, serão respeitados os direitos humanos e as liberdades fundamentais de todos. O exercício dos direitos estabelecidos na presente Declaração estará sujeito exclusivamente às limitações determinadas por lei e em conformidade com as obrigações internacionais em matéria de direitos humanos. Essas limitações não serão discriminatórias e serão somente as estritamente necessárias para garantir o reconhecimento e o respeito devidos aos direitos e às liberdades dos demais e para atender às justas e mais prementes necessidades de uma sociedade democrática.

As disposições enunciadas na presente Declaração serão interpretadas de acordo com os princípios da justiça, da democracia, do respeito aos direitos humanos, da igualdade, da não discriminação, da boa governança e da boa-fé.

Artigo XXXVII

Os povos indígenas têm direito a receber assistência financeira e técnica dos Estados e por meio da cooperação internacional para o gozo dos direitos enunciados nesta Declaração.

Artigo XXXVIII

A Organização dos Estados Americanos, seus órgãos, organismos e entidades tomarão as medidas necessárias para promover o pleno respeito, a proteção e a aplicação das disposições constantes desta Declaração e zelarão por sua eficácia.

Artigo XXXIX

A natureza e o alcance das medidas a serem tomadas para dar cumprimento à presente Declaração serão determinadas de acordo com seu espírito e propósito.

Artigo XL

Nenhuma disposição da presente Declaração será interpretada no sentido de limitar ou prejudicar os direitos de que gozam os povos indígenas na atualidade, ou que possam vir a gozar no futuro.

Artigo XLI

Os direitos reconhecidos nesta Declaração e na Declaração das Nações Unidas sobre os Direitos dos Povos Indígenas constituem as normas mínimas para a sobrevivência, dignidade e bem-estar dos povos indígenas das Américas.

NOTAS DE RODAPÉ

1 Os Estados Unidos continuam comprometidos em abordar as questões urgentes de preocupação dos povos indígenas nas Américas, incluindo o combate à discriminação contra os povos e indivíduos indígenas, aumentando a participação deles nos processos políticos nacionais; em enfocar a falta de infraestrutura e as condições de vida precárias nas áreas indígenas, combatendo a violência contra mulheres e meninas indígenas; em promover a repatriação de restos mortais ancestrais e objetos cerimoniais; e em colaborar em questões de direitos de terras e autogovernança, entre muitas outras questões. A multitude de iniciativas em andamento relacionadas com esses temas oferece formas de abordar algumas das consequências das ações do passado. No entanto, os Estados Unidos objetam de modo persistente ao texto desta Declaração Americana, a qual em si mesma não é juridicamente vinculante e, portanto, não cria um novo direito e não é uma declaração das obrigações dos Estados-membros da Organização dos Estados Americanos (OEA) nos termos de tratados ou do direito internacional consuetudinário.

Os Estados Unidos reiteram sua crença de longa data em que a implementação da Declaração das Nações Unidas sobre os Direitos dos Povos Indígenas (doravante a "Declaração da ONU") deve continuar sendo o enfoque da OEA e de seus Estados-membros. Os Estados-membros da OEA uniram-se aos Estados-membros da ONU na renovação de seus compromissos de políticas no tocante à Declaração da ONU na Conferência Mundial sobre Povos Indígenas, realizada em setembro de 2014. As iniciativas importantes e desafiadoras em andamento no nível global para acatar os respectivos compromissos constantes da Declaração da ONU e do documento resultante da Conferência Mundial são apropriadamente o enfoque da atenção e recursos dos Estados, dos povos indígenas, da sociedade civil e das organizações internacionais, inclusive nas Américas. Neste sentido, os Estados Unidos planejam continuar seus esforços diligentes e proativos que têm envidado em estreita colaboração com os povos indígenas dos Estados Unidos e de muitos outros Estados-membros da OEA no sentido de promover a consecução dos objetivos da Declaração da ONU, bem como promover o cumprimento dos compromissos constantes do documento resultante da Conferência Mundial. Em conclusão, os Estados Unidos reiteram sua solidariedade com as preocupações expressas pelos povos indígenas referentes à sua falta de participação plena e efetiva nessas negociações.

2 O Canadá reitera seu compromisso com um relacionamento renovado com seus povos indígenas, baseado no reconhecimento de direitos, respeito, cooperação e parceria. O país está empenhado, em plena parceria com seus povos indígenas, em fazer avançar a implementação da Declaração das Nações Unidas sobre os Direitos dos Povos Indígenas, de acordo com a Constituição canadense. Por não ter participado substantivamente em anos recentes das negociações da Declaração Americana sobre os Direitos dos Povos Indígenas, o Canadá não tem condições neste momento de assumir uma posição com relação à redação proposta para esta declaração. O Canadá está comprometido em continuar trabalhando com nossos parceiros na OEA para fazer avançar as questões indígenas nas Américas.

3 O Estado da Colômbia afasta-se do consenso a respeito do Artigo XXIII, parágrafo 2, da Declaração dos Povos Indígenas da OEA, referente às consultas para obter o consentimento prévio, livre e informado das comunidades indígenas antes de adotar e aplicar medidas legislativas ou administrativas que os afetem, a fim de obter seu consentimento livre, prévio e informado.

Isso leva em consideração o fato de que o ordenamento jurídico colombiano define o direito de consulta prévia dessas comunidades, de acordo com o Convênio nº 169 da

Organização Internacional do Trabalho (OIT). Nesse sentido, a Corte Constitucional Colombiana estabelece que o processo de consulta deve ser realizado "com vistas a alcançar um acordo ou alcançar o consentimento das comunidades indígenas no tocante às medidas legislativas propostas". É importante esclarecer que isso não se traduz em um poder de veto das comunidades étnicas àquelas medidas que as afetem diretamente, ou seja, que não podem ser adotadas sem seu consentimento. Isso significa que, ante o desacordo, devem apresentar "fórmulas de concertação ou acordo com a comunidade".

Além disso, a Comissão de Peritos da OIT determinou que a consulta prévia não implica um direito de vetar decisões estatais, mas é um mecanismo idôneo para que os povos indígenas e tribais tenham o direito de se expressar e de influenciar o processo de tomada de decisões.

Ante o exposto e entendendo que o enfoque desta Declaração com relação ao consentimento prévio é distinto e poderia equivaler a um possível veto na ausência de um acordo, o que poderia frear processos de interesse geral, o conteúdo deste Artigo é inaceitável para a Colômbia.

4 O Estado da Colômbia afasta-se do consenso a respeito do Artigo XXIX, parágrafo 4, da Declaração dos Povos Indígenas da OEA, referente às consultas para obter o consentimento prévio, livre e informado das comunidades indígenas antes de aprovar projetos que afetem suas terras ou territórios e outros recursos.

Isso leva em consideração o fato de que, apesar de o Estado colombiano ter incorporado em seu ordenamento jurídico uma ampla gama de direitos com o objetivo de reconhecer, garantir e tornar exigíveis os direitos e princípios constitucionais de pluralismo e diversidade étnica e cultural da nação no âmbito da Constituição Política, o reconhecimento dos direitos coletivos dos povos indígenas é regulado por disposições jurídicas e administrativas, em harmonia com os objetivos do Estado e com princípios tais como função social e ecológica da propriedade, propriedade estatal do subsolo e recursos naturais não renováveis.

Neste sentido, nestes territórios os povos indígenas exercem a própria organização política, social e judicial. Por mandato constitucional, suas autoridades são reconhecidas como autoridades estatais públicas de caráter especial e, em matéria judicial, reconhece-se a jurisdição especial indígena, avanço notável em relação com outros países da região.

No contexto internacional, a Colômbia é um país líder na aplicação das disposições sobre consulta prévia do Convênio nº 169 da Organização Internacional do Trabalho (OIT), do qual faz parte nosso Estado.

Entendendo que o enfoque desta Declaração Americana relativo ao consentimento prévio é distinto e poderia equivaler a um possível veto na exploração de recursos naturais que se encontrem em territórios indígenas, na ausência de um acordo, o qual poderia frear processos de interesse geral, o conteúdo deste artigo é inaceitável para a Colômbia.

Além disso, é importante destacar que muitos Estados, inclusive a Colômbia, consagram constitucionalmente que o subsolo e os recursos naturais não renováveis são propriedade do Estado para conservar e garantir sua utilidade pública em benefício de toda a nação. Por esta razão, as disposições constantes deste Artigo são contrárias à ordem jurídica interno da Colômbia, sustentada no interesse nacional.

5 O Estado da Colômbia afasta-se do consenso a respeito do Artigo XXX, parágrafo 5, da Declaração dos Povos Indígenas da OEA, considerando que, conforme o mandato constante da Constituição Política da Colômbia, a Força Pública tem a obrigação de marcar presença em qualquer lugar do território nacional para oferecer e garantir a todos os habitantes a proteção e respeito de sua vida, honra e bens, tanto individuais como coletivos. A proteção dos direitos das comunidades indígenas e sua integridade dependem em grande medida da segurança de seus territórios.

Cap. 12 – Direitos Humanos dos Povos Indígenas e Comunidades Tradicionais **211**

Sendo assim, na Colômbia foram expedidas instruções à Força Pública para dar cumprimento à obrigação de proteção dos povos indígenas. Neste sentido, a referida disposição da Declaração dos Povos indígenas da OEA contraria o princípio de Necessidade e Eficácia da Força Pública, impedindo o cumprimento de sua missão institucional, o que o torna inaceitável para a Colômbia.

ANEXO I: Notas de interpretação da delegação da Colômbia

NOTA DE INTERPRETAÇÃO Nº 1

DO ESTADO DA COLÔMBIA REFERENTE AO ARTIGO VIII DA DECLARAÇÃO DOS POVOS INDÍGENAS DA OEA.

Com relação a Artigo VIII sobre o Direito a pertencer a povos indígenas, a Colômbia declara expressamente que o direito a pertencer a um ou a vários povos indígenas é regido pela autonomia de cada povo indígena.

O parágrafo anterior baseia-se no Artigo 8, parágrafo 2 do Convênio 169 da OIT: "Esses povos deverão ter o direito de conservar seus costumes e instituições próprias, contanto que estas não sejam incompatíveis com os direitos fundamentais definidos pelo sistema jurídico nacional nem com os direitos humanos internacionalmente reconhecidos. Sempre que for necessário, deverão ser estabelecidos procedimentos para solucionar os conflitos que possam surgir na aplicação deste princípio".

É importante precisar que na situação em que uma pessoa compartilhar diversas origens indígenas, ou seja, quando a mãe pertence a uma etnia e o pai a outra (para dar um exemplo), somente se poderá definir a pertinência a um ou outro dos povos indígenas, dependendo das tradições em contato. Ou seja, para efeitos de estabelecer a pertinência de um indivíduo a determinado povo indígena, será preciso examinar de maneira casuística os padrões culturais que definem as relações de parentesco, autoridade e adscrição étnica.

Não é o mesmo um caso de contato entre duas tradições matrilineares e um contato entre uma tradição matrilinear e outra patrilinear. Cumpre igualmente estabelecer a jurisdição dentro da qual habita o indivíduo, as obrigações derivadas do regime de direito constante do foro próprio, bem como o contexto sociogeográfico no qual especificamente desenvolve suas atividades cotidianas, culturais e políticas.

Transcreve-se, a seguir, o parágrafo a que se refere a nota anterior:

Artigo VIII – *Direito a pertencer a povos indígenas*

As pessoas e comunidades indígenas têm o direito de pertencer a um ou a vários povos indígenas, de acordo com a identidade, tradições, costumes e sistemas de pertencimento de cada povo. Do exercício desse direito não pode decorrer discriminação de nenhum tipo.

NOTA DE INTERPRETAÇÃO Nº 2

DO ESTADO DA COLÔMBIA COM RELAÇÃO AOS ARTIGOS XIII, PARÁGRAFO 2; XVI, PARÁGRAFO 3; XX, PARÁGRAFO 2; E XXXI, PARÁGRAFO 1 DA DECLARAÇÃO DOS POVOS INDÍGENAS DA OEA.

No tocante à noção de lugares e objetos sagrados a que se referem os Artigos XIII, parágrafo 2; XVI, parágrafo 3; XX, parágrafo 2; e XXXI, parágrafo 1 da Declaração dos Povos Indígenas da OEA, o Estado Colombiano declara expressamente que a definição e regulamentação dos lugares e objetos sagrados dos povos indígenas serão regidas pelos desenvolvimentos alcançados no plano nacional. Dado que não existe uma definição internacionalmente aceita e que nem o Convênio 169 da Organização Internacional do Trabalho (OIT), nem a Declaração das Nações Unidas sobre os Direitos dos Povos Indígenas fazem referência a esses termos nem os definem.

A este respeito, a Colômbia vem avançando em uma regulamentação sobre este ponto que contou e continuará a contar com a participação dos povos indígenas e avançará nesse propósito, de acordo com o ordenamento jurídico colombiano e, quando pertinente, conforme os instrumentos internacionais aplicáveis.

Transcreve-se, a seguir, o parágrafo a que se refere a nota anterior:

Cap. 12 – Direitos Humanos dos Povos Indígenas e Comunidades Tradicionais

Artigo XIII – *Direito à identidade e integridade cultural*

2. Os Estados oferecerão reparação por meio de mecanismos eficazes, que poderão incluir a restituição, estabelecidos juntamente com os povos indígenas, a respeito dos bens culturais, intelectuais, religiosos e espirituais de que tenham sido privados sem seu consentimento livre, prévio e informado, ou em violação de suas leis, tradições e costumes.

Artigo XVI – *Espiritualidade indígena*

3. Os povos indígenas têm o direito de preservar e proteger seus lugares sagrados e de ter acesso a eles, inclusive seus lugares de sepultamento, a usar e controlar suas relíquias e objetos sagrados e a recuperar seus restos humanos.

Artigo XX – *Direito de associação, reunião, liberdade de expressão e pensamento*

2. Os povos indígenas têm direito de se reunir em seus lugares e espaços sagrados e cerimoniais. Para essa finalidade, terão o direito de usá-los e de a eles ter livre acesso.

Artigo XXXI

1. Os Estados garantirão o pleno gozo dos direitos civis, políticos, econômicos, sociais e culturais dos povos indígenas, bem como seu direito de manter sua identidade cultural e espiritual, sua tradição religiosa e sua cosmovisão, seus valores e a proteção de seus lugares sagrados e de culto, além de todos os direitos humanos constantes da presente Declaração.

NOTA DE INTERPRETAÇÃO Nº 3

DO ESTADO DA COLÔMBIA REFERENTE AO ARTIGO XIII, PARÁGRAFO 2 DA DECLARAÇÃO DOS POVOS INDÍGENAS DA OEA.

O Estado da Colômbia declara expressamente que o direito dos povos indígenas de promover e desenvolver todos seus sistemas e meios de comunicação está sujeito ao cumprimento dos requisitos e procedimentos estabelecidos na normatividade interna vigente.

Transcreve-se, a seguir, o parágrafo a que se refere a nota anterior:

Artigo XIV – *Sistemas de conhecimento, linguagem e comunicação*

3. Os povos indígenas têm direito de promover e desenvolver todos os seus sistemas e meios de comunicação, inclusive seus próprios programas de rádio e televisão, e de ter acesso, em pé de igualdade, a todos os demais meios de comunicação e informação.

Os Estados tomarão medidas para promover a transmissão de programas de rádio e televisão em língua indígena, especialmente em regiões de presença indígena. Os Estados apoiarão e promoverão a criação de empresas de rádio e televisão indígenas, bem como outros meios de informação e comunicação.

A Declaração da OEA é também instrumento não vinculante, o que não lhe retira a importância de servir como marco regulatório para as condutas dos Estados e dos órgãos regionais de monitoramento em matéria de proteção dos direitos dos povos indígenas.

No direito internacional atual, os instrumentos de *soft law* têm galgado importância ímpar, sobretudo à vista da dificuldade de se concluírem tratados sobre certos temas que merecem maior aprofundamento e debates na esfera internacional. Tal é exatamente o caso da Declaração da OEA no que tange aos direitos dos povos indígenas.

3. RESOLUÇÕES DO CNJ SOBRE DIREITOS E GARANTIAS DOS POVOS ORIGINÁRIOS

O Conselho Nacional de Justiça (CNJ) tem adotado Resoluções sobre os direitos e garantias dos povos indígenas, a fim da implementação mais eficaz das normas constitucionais que asseguram a essa categoria de pessoas o reconhecimento da organização social, dos costumes, das línguas, das crenças, das tradições e dos direitos originários sobre as terras tradicionalmente ocupadas; bem assim em respeito às normas internacionais em vigor que exigem a adoção de medidas destinadas a garantir a proteção dos direitos dos povos indígenas nos Estados-partes.

Cap. 12 – Direitos Humanos dos Povos Indígenas e Comunidades Tradicionais **215**

São basicamente os seguintes os atos normativos editados pelo CNJ relativos aos direitos e às garantias dos povos originários no âmbito do Poder Judiciário brasileiro:

- **Resolução CNJ n. 287/2019**: estabelece procedimentos ao tratamento das pessoas indígenas acusadas, rés, condenadas ou privadas de liberdade e dá diretrizes para assegurar os direitos dessa população no âmbito criminal do Poder Judiciário;

- **Resolução CNJ n. 299/2019**: dispõe sobre o sistema de garantia de direitos da criança e do adolescente vítima ou testemunha de violência, de que trata a Lei n. 13.431/2017 (Lei da Escuta Protegida);

- **Resolução CNJ n. 453/2022**: institui o Fórum Nacional do Poder Judiciário para monitoramento e efetividade das demandas relacionadas aos povos indígenas e tribais (Fonit), com objetivo de elaborar estudos e propor medidas para o aperfeiçoamento do sistema judicial quanto ao tema. Tal Resolução foi alterada pela Resolução CNJ n. 489/2023, que institui o Fórum Nacional do Poder Judiciário para monitoramento e efetividade das demandas relacionadas aos Povos Indígenas (Fonepi), com os mesmos objetivos da Resolução anterior;

- **Resolução CNJ n. 454/2022**: estabelece diretrizes e procedimentos para efetivar a garantia do direito ao acesso ao Poder Judiciário de pessoas e povos indígenas;

- **Resolução CNJ n. 524/2023**: estabelece procedimentos ao tratamento de adolescentes e jovens indígenas no caso de apreensão, de representação em processo de apuração de ato infracional ou de cumprimento de medida socioeducativa e dá diretrizes para assegurar os direitos dessa população no âmbito da Justiça da Infância e Juventude, ou de juízos que exerçam tal competência.

Ambas as Resoluções têm por fio condutor zelar, no âmbito do Poder Judiciário brasileiro, pelo cumprimento das normas constitucionais e internacionais de proteção dos povos indígenas em vigor no Brasil; lançando um olhar especial e diferenciado a essa categoria de pessoas, considerando suas características, seus costumes, sua cultura e suas necessidades, à luz do princípio da igualdade de tratamento.

Todas elas são iniciativas das mais importantes, que estão a demonstrar a preocupação do CNJ com o respeito aos direitos e às garantias dos povos indígenas no Brasil, reforçando o entendimento de que tais povos são **sujeitos de direitos especiais** em nossa ordem jurídica, merecedores da devida atenção e proteção do Estado.

É dever dos juízes brasileiros observar todos os aspectos versados em ambas as Resoluções do CNJ, a fim de compreender os povos indígenas como cidadãos a quem a ordem jurídica nacional destina tratamento especial, quer no curso de processos criminais, no que tange a depoimentos especiais de crianças ou adolescentes indígenas, ou ainda no tocante à autoidentificação desses povos e reconhecimento de sua organização social e das formas próprias de resolução de conflitos.

EM RESUMO:

Direitos Humanos das Minorias e Grupos Vulneráveis	**Conceito:** Categorias de pessoas social e historicamente menos protegidas pelas ordens domésticas. **Minorias:** grupos de pessoas com uma identidade coletiva própria, que os torna "diferentes" dos demais indivíduos (povos indígenas, comunidade LGBTQIA+, refugiados etc.).

Direitos Humanos das Minorias e Grupos Vulneráveis	**Grupos vulneráveis:** não pertencem propriamente às "minorias", porque não possuidoras de uma identidade coletiva específica. Necessitam de proteção especial em razão de sua fragilidade. **Proteção legal:** direito internacional público, tanto em âmbito global como regional. **Base jurídica:** consagra o princípio da igualdade material, que reconhece as particularidades de cada pessoa envolvida em dada situação jurídica.
Direitos humanos dos povos indígenas e comunidades tradicionais	**Introdução**: tem proteção especial, sendo sujeitos coletivos da proteção internacional, para além da proteção individual de que cada qual dos seus componentes é titular.
Conceito de "povos indígenas" e "comunidades tradicionais"	**Povos indígenas:** grupos étnicos que habitam um determinado território antes de invasões ou colonizações, e que continuaram a se desenvolver com suas manifestações culturais e hábitos. Comunidades tradicionais: grupos culturalmente diferenciados e que possuem formas próprias de organização social, que ocupam e usam territórios e recursos naturais como condição para sua reprodução cultural, social, religiosa, ancestral e econômica (ex: quilombolas, seringueiros, pescadores artesanais, sertanejos, ciganos).

Convenção Internacional sobre a Eliminação de todas as formas de Discriminação Racial (1965)	**Conceito:** primeiro mecanismo ainda vigente relativo à proteção às populações indígenas e comunidades tradicionais. **Discriminação racial (art. 1.º):** qualquer distinção, exclusão, restrição ou preferência fundadas na raça, cor, descendência ou origem nacional ou étnica, que impeça o exercício dos direitos humanos e das liberdades fundamentais.
Da visão integracionista à sociedade pluriétnica: as Convenções n. 107 e n. 169 da OIT	**Proteção jurídica no sistema global:** **1. Convenção n. 107 da OIT:** a. Definiu **padrões mínimos** das condições de trabalho dos índios. b. Visão integracionista. **2. Convenção n. 169 da OIT:** a. Ruptura da visão integracionista trazida pela **Convenção n. 107**. Também chamada de "Convenção Sucessória". b. Visão garantista. c. Duas categorias de povos: – **tribais**: aqueles cujas condições sociais, culturais e econômicas os diferenciam dos outros setores da coletividade nacional, estando regidos pelos seus próprios costumes, tradições ou legislação especial. – **indígenas**: originários de populações que habitavam o país ou uma região geográfica a ele pertencente e que conservam todas as suas instituições sociais, econômicas, culturais e políticas. d. Direito de **propriedade** e de **posse** dos povos indígenas sobre as terras que tradicionalmente ocupam (art. 14): garantido pela Convenção e rechaçado pela CF, art. 20, XI, que os insere entre os bens da União.

Cap. 12 – Direitos Humanos dos Povos Indígenas e Comunidades Tradicionais

Marcos atuais: Convenção sobre a Proteção e a Promoção da Diversidade das Expressões Culturais (2005) e Declaração das Nações Unidas sobre os Direitos dos Povos Indígenas (2007)	**Marcos no sistema global:** – **Convenção sobre a Proteção e a Promoção da Diversidade das Expressões Culturais (2005):** reconhece a importância dos sistemas de conhecimento das populações indígenas e sua contribuição para o desenvolvimento sustentável, assim como a necessidade de assegurar sua adequada proteção e promoção. – **Declaração das Nações Unidas sobre os Direitos dos Povos Indígenas (2007):** garante o direito ao desfrute pleno de todos os direitos humanos e as liberdades fundamentais reconhecidas pela Carta das Nações Unidas, Declaração Universal de Direitos Humanos e a normativa internacional dos direitos humanos, sendo os povos e as pessoas indígenas livres e iguais a todos os demais povos e pessoas.
Proteção dos povos indígenas no sistema interamericano de direitos humanos	**1. Marcos do sistema regional:** Declaração Americana sobre os Direitos dos Povos Indígenas (2016). **2. Jurisprudência da Corte Interamericana:** – *Comunidade Mayagna (Sumo) Awas Tingni Vs. Nicarágua:* direito à propriedade coletiva das terras tradicionalmente ocupadas a título de tradição comunitária. – *Comunidade Indígena Yakye Axa Vs. Paraguai:* a saúde é um conceito de compreensão coletiva, e o desligamento da interação que eles mantêm com a terra é capaz de causar sérios prejuízos à saúde de todo o grupo.

Proteção dos povos indígenas no sistema interamericano de direitos humanos	**– Comunidade Indígena Xákmok Kásek Vs. Paraguai:** devem ser assegurados às comunidades indígenas direitos especiais de proteção, à luz de suas particularidades, costumes e tradições, e de suas vulnerabilidades para garantir o desenvolvimento e a identidade cultural dos meninos e das meninas da comunidade indígena. **– Povos Kaliña e Lokono Vs. Suriname:** • reconhecimento da personalidade jurídica coletiva aos povos indígenas e tribais e do direito de ostentarem títulos de propriedade coletivos. • necessidade de o Estado adotar medidas legislativas e administrativas para efetiva delimitação, demarcação e titulação das áreas indígenas. • povos indígenas têm direito à participação efetiva nas tomadas de decisão por meio de "consulta prévia" do Estado, para fins de exploração, desenvolvimento ou investimento.
O caso da demarcação da Terra Indígena Raposa Serra do Sol	O quê: **Julgamento pelo STF no tema da demarcação de terras indígenas.** Quando: março de 2009. Decisão: – demarcação contínua da área da reserva indígena, da maneira como determinava a Portaria n. 534/2005 do Ministro da Justiça. – determinada a retirada dos não índios da região, que passaria a pertencer apenas a grupos indígenas

O caso da demarcação da Terra Indígena Raposa Serra do Sol	Características da decisão: sem efeitos vinculantes para outros casos de demarcação de terras indígenas.
Declaração Americana sobre os Direitos dos Povos Indígenas (2016)	**Declaração Americana sobre os Direitos dos Povos Indígenas (2016):** primeiro instrumento, no âmbito da OEA, a reconhecer os direitos dos povos indígenas, oferecendo proteção específica para esse grupo de pessoas na América do Norte, América Central, América do Sul e no Caribe.
Resoluções do CNJ sobre direitos e garantias dos povos originários	– **Resolução CNJ n. 287/2019**: procedimentos ao tratamento das pessoas indígenas acusadas, rés, condenadas ou privadas de liberdade; – **Resolução CNJ n. 299/2019**: sistema de garantia de direitos da criança e do adolescente vítima ou testemunha de violência; – **Resolução CNJ n. 453/2022**: Fórum Nacional do Poder Judiciário para monitoramento e efetividade das demandas relacionadas aos povos indígenas e tribais (Fonit). Resolução alterada pela Resolução CNJ n. 489/2023, que institui o Fórum Nacional do Poder Judiciário para monitoramento e efetividade das demandas relacionadas aos Povos Indígenas (Fonepi), com os mesmos objetivos da Resolução anterior; – **Resolução CNJ n. 454/2022**: diretrizes e procedimentos para efetivar a garantia do direito ao acesso ao Poder Judiciário de pessoas e povos indígenas;

Resoluções do CNJ sobre direitos e garantias dos povos originários	**– Resolução CNJ n. 524/2023**: procedimentos ao tratamento de adolescentes e jovens indígenas, no caso de apreensão, representação em processo de apuração de ato infracional ou cumprimento de medida socioeducativa.

Capítulo 13

Empresas e Direitos Humanos

1. INTRODUÇÃO

O direito internacional cada vez mais tem se preocupado com o papel das empresas na promoção e proteção dos direitos humanos, bem como suas responsabilidades. Com essa tendência, a ONU tem procurado encorajar os Estados a tomar medidas contra todo tipo de **abuso empresarial**. No sistema interamericano, por sua vez, o tema também se faz presente com posicionamentos sólidos tanto da Comissão quanto da Corte Interamericana de Direitos Humanos.

O reflexo das discussões internacionais no Brasil foi claro: as diretrizes nacionais sobre empresas e direitos humanos foram fixadas no Decreto n. 9.571, de 21 de novembro de 2018, que facultou, no entanto, que as orientações ali estabelecidas sejam "implementadas **voluntariamente** pelas empresas" (art. 1.º, § 2.º).

Toda a discussão sobre os Direitos Humanos nas empresas teve início com a globalização econômica na década de 1970, que abriu campo para as transferências de empresas de um Estado a outro, notadamente em razão da desburocratização das atividades e de benefícios tributários, fiscais e trabalhistas ofertados alhures; matrizes de empresas de todo o mundo passaram a criar filiais em outros territórios, ampliando, sobremaneira, suas atividades ao redor do mundo. Percebeu-se, a partir daí, que a transferência extraterritorial de atividades portava muitas vezes consigo também as práticas e condutas habituais empregadas no Estado de origem, nem sempre compatíveis com os seus compromissos internacionalmente assumidos em matéria de direitos humanos. Certo é que, de um lado, o Estado de origem autoriza a empresa a deslocar suas atividades para território alheio e, de outro, o Estado de acolhida (muitos deles subdesenvolvidos ou em desenvolvimento) oferece vantagens competitivas para lograr a instalação da corporação em seu território, notadamente em razão da geração de empregos e do aumento da renda.

A partir de meados dos anos 1990 o tema começa a espraiar-se com enorme relevo no plano acadêmico, especialmente a partir dos primeiros casos detectados de **abusos em práticas corporativas** e da preocupação da sociedade internacional em coibir as violações a direitos humanos decorrentes de condutas empresariais.

Atualmente, para além das tradicionais garantias trabalhistas, devidas aos trabalhadores em geral, as empresas têm uma gama muito maior de deveres no âmbito de suas atividades, passando, assim, a ser também gestoras da proteção dos direitos humanos *lato sensu*, sob a supervisão e fiscalização do Estado. Como consequência, as **responsabilidades das corporações** para com a proteção dos direitos humanos também se ampliam, na medida em que passam a ter maior controle do Estado sobre o conteúdo de suas operações. É, nesse sentido, premente o papel do Estado (de envio e de acolhida) na fiscalização e no

Cap. 13 – Empresas e Direitos Humanos

controle das atividades empresariais, sobretudo as de grande porte, capazes de violar direitos humanos de milhares de pessoas.

2. PRINCÍPIOS ORIENTADORES SOBRE EMPRESAS E DIREITOS HUMANOS DA ONU (2011)

Com o objetivo de tentar impedir que empresas violem direitos humanos no curso de suas atividades e exigir a reparação devida quando infrações a tais direitos se perpetrarem no contexto empresarial, o Conselho de Direitos Humanos da ONU aprovou, em 16 de junho de 2011, os **Princípios Orientadores sobre Empresas e Direitos Humanos**, elaborados pelo Representante Especial do Secretário-Geral para Empresas e Direitos Humanos, professor John Ruggie.

A ideia básica dos Princípios Orientadores da ONU funda-se no dever que todos os Estados-membros da Organização têm de promover e proteger os direitos humanos das pessoas que se encontrem em seu território ou sob sua jurisdição, inclusive contra atos de terceiros, como as empresas.

O documento conta com **31 Princípios Orientadores** e implementa o programa "Proteger, Respeitar e Reparar" das Nações Unidas, apresentado pelo professor Ruggie em 2008. Seu intuito é demonstrar como os Estados e as corporações devem cumprir o programa da ONU e os três pilares fundamentais por ele fixados, que são:

a) o dever do Estado de evitar abusos aos direitos humanos por parte de terceiros, incluindo as empresas, por meio de políticas, regulamentos e julgamentos apropriados;

b) a responsabilidade corporativa de respeitar os direitos humanos, realizando auditorias para o fim de evitar violações a direitos de outrem e abordar os impactos negativos com os quais as empresas se envolvem; e

c) a necessidade de maior acesso das vítimas à reparação efetiva, por meio de ações judiciais ou não.

Os Princípios Orientadores da ONU detalham seus pilares com o objetivo de servir como um guia para os Estados e as empresas no que tange ao *modus* de promoção e proteção dos direitos humanos nas atividades corporativas.

Ainda que a maioria dos instrumentos internacionais de direitos humanos não obrigue os Estados a disciplinar a conduta extraterritorial das empresas neles domiciliadas, certo é que a regulação das atividades empresariais é medida impositiva para **evitar abusos e violações a direitos humanos** por parte das corporações, notadamente as que contam com a participação ou o apoio do Estado. Mesmo que não obriguem os Estados a fiscalizar as atividades extraterritoriais de suas empresas, os instrumentos internacionais de direitos humanos – como a Declaração Universal dos Direitos Humanos, o Pacto Internacional dos Direitos Civis e Políticos, o Pacto Internacional dos Direitos Econômicos, Sociais e Culturais e vários tratados específicos para distintos grupos de pessoas – estabelecem diretrizes para tanto ao **proteger da discriminação**, *v.g.*, mulheres e crianças, grupos étnico-raciais, pessoas com deficiência, idosos, comunidade LGBTQIA+ e refugiados, sem contar todas as convenções da OIT de proteção aos trabalhadores em geral e contra a discriminação no emprego. É dizer, à medida que os Estados aceitam tais declarações e tratados em sua ordem jurídica, assumem o compromisso de verificar (fiscalizar, controlar) como estão atuando as empresas nele registradas, nas atividades internas ou extraterritoriais.

Cap. 13 – Empresas e Direitos Humanos

É obrigação dos Estados exigir das empresas que assumam o compromisso de **respeitar os direitos humanos**, com avaliação do impacto real e potencial (positivo e negativo) de suas atividades, aferível por **auditorias** (*due diligence*) em matéria de direitos humanos levadas a cabo às suas expensas.

Segundo a ONU, a responsabilidade das empresas de respeitar direitos humanos refere-se (Princípio 12):

(1) aos direitos humanos previstos na Carta Internacional de Direitos Humanos (que é composta da Carta das Nações Unidas de 1945, da Declaração Universal dos Direitos Humanos de 1948, do Pacto Internacional sobre Direitos Civis e Políticos de 1966 e do Pacto Internacional dos Direitos Econômicos, Sociais e Culturais de 1966), e

(2) aos princípios relativos aos direitos fundamentais estabelecidos na Declaração da OIT sobre os Princípios e Direitos Fundamentais no Trabalho e seu Seguimento.

A Declaração sublinha ainda que as normas do trabalho não devem ser utilizadas com fins comerciais protecionistas e que nada em seu texto poderá invocar-se nem utilizar-se de outro modo com esses fins (Declaração, item 5).

> **Atenção**
>
> Não obstante serem os Princípios Orientadores da ONU normas de "orientação" aos Estados em como controlar e fiscalizar as atividades das empresas para que respeitem os direitos humanos no local em que situadas, verdade é que seus comandos devem ser **moralmente respeitados** tanto pelos Estados como pelas empresas. A natureza de *soft law* da diretriz das Nações Unidas **não autoriza os Estados e as empresas a desrespeitar** os Princípios Orientadores ou

> deixar de segui-los, uma vez que emanam *in concreto* do labor da ONU no combate às violações de direitos humanos e na promoção cada vez mais significativa desses direitos.

3. INFORME DA COMISSÃO INTERAMERICANA SOBRE POVOS INDÍGENAS, COMUNIDADES AFRODESCENDENTES E INDÚSTRIAS EXTRATIVISTAS (2015)

A Comissão Interamericana de Direitos Humanos emitiu, em 31 de dezembro de 2015, o Informe *Povos Indígenas, Comunidades Afrodescendentes e Indústrias Extrativistas*, em que destaca os impactos humanos, sociais, sanitários, culturais e ambientais causados pelas indústrias extrativistas nos direitos dos povos indígenas e das comunidades afrodescendentes no Continente Americano. Isto porque várias indústrias extrativistas ocuparam, em suas atividades, **áreas tradicionalmente ocupadas por povos indígenas e comunidades afrodescendentes**, áreas que, não por acaso, são riquíssimas em recursos naturais e minerais.

Assim, à medida que os Estados tanto de origem quanto de destino dessas empresas não fiscalizam devidamente as suas atividades, não garantindo também de forma devida o acesso à justiça das populações impactadas, entendeu a Comissão Interamericana ser premente abordar as obrigações dos Estados relativamente às atividades das empresas de extração, exploração e desenvolvimento.

Considerando a relevância de tais indústrias para o desenvolvimento econômico local, a Comissão tem advertido aos Estados que "as atividades de desenvolvimento devem vir acompanhadas de medidas adequadas e efetivas para garantir que elas não sejam levadas a cabo às expensas dos direitos humanos das pessoas que podem ser particular e negativamente afetadas".

Cap. 13 – Empresas e Direitos Humanos

Tal significa que a prosperidade e o desenvolvimento econômico dos países do Continente **não podem justificar as violações a direitos humanos** daqueles a quem as obras de certas empresas causam impacto negativo, notadamente em detrimento das obrigações assumidas pelos Estados (de origem e de destino) em matéria de proteção dos direitos humanos.

Outra preocupação da Comissão está no estabelecimento de um marco regulatório que contemple "de forma adequada a operação de companhias estrangeiras na jurisdição de um Estado, dado que a prevalência dessas companhias já é uma realidade na região, e estão tendo um impacto importante nos direitos humanos", devendo tal marco "incluir métodos efetivos de supervisão e deve ter mecanismos acessíveis de acesso à justiça quando violações aos direitos humanos ocorrem". Tal, segundo a Comissão, pode ser feito por negociações entre o Estado de origem e o Estado de destino, com a celebração de tratados bilaterais ou outros tipos de acordos levados a efeito antes que a empresa estrangeira inicie as suas atividades no Estado.

Por outro lado, é também dever dos Estados adotar medidas de prevenção às atividades empresariais danosas, sobretudo às populações ribeirinhas, comunidades tradicionais, povos indígenas e comunidades afrodescendentes. Conforme a Comissão, tais medidas de prevenção comportam um **dever geral de prevenção** (consistente na adoção de medidas que contem com um marco normativo e institucional orientado à prevenção, persecução e sanção de delitos em determinada área) e um **dever específico de prevenção** (exigível desde o momento em que o Estado toma conhecimento de um risco real e imediato para uma pessoa ou grupo de pessoas numa situação concreta).

> **Atenção**
>
> Cabe aos Estados verificar os riscos das atividades extrativistas para a proteção dos direitos humanos das populações potencialmente afetadas. Para a análise dos riscos, devem-se consultar previamente as populações diretamente afetadas, que poderão não concordar com a execução da obra por entenderem seja prejudicial à garantia e proteção de seus direitos, especialmente os ambientais *lato sensu*.

No que tange ao dever de garantir o acesso à justiça, a Comissão recomendou aos Estados que assegurem todos os meios e recursos judiciais disponíveis contra atos que violem direitos humanos, nos termos da **jurisprudência consolidada** da Corte Interamericana de Direitos Humanos. O objetivo da Comissão é que se acabe com a impunidade reinante em muitos países do Continente, que, ao pretender lucrar com as atividades de empresas extrativistas, deixam de garantir aos cidadãos prejudicados recursos efetivos a amparar suas demandas.

O Informe da Comissão também elenca as obrigações e garantias específicas relativas aos povos indígenas e tribais e comunidades afrodescendentes, dentre as quais estão:

(1) a de assegurar que as restrições ao uso e gozo das terras, territórios e recursos naturais dos povos indígenas não impliquem uma denegação de sua sobrevivência física e cultural, e

(2) a de participação efetiva, estudos de impacto socioambiental e benefícios comparados, na qual se inclui

(a) o direito à consulta e consentimento prévio, livre e informado,

(b) estudos prévios de impacto ambiental e social e

(c) direito à participação razoável nos benefícios do projeto.

Por fim, o Informe conclui com solicitação da Comissão aos Estados para que adotem as várias recomendações estabelecidas, atinentes: (*a*) às obrigações estatais de direitos humanos em contextos de atividades extrativas, de exploração e desenvolvimento; (*b*) às obrigações e garantias específicas dos povos indígenas e tribais e comunidades afrodescendentes; e (*c*) relativas ao impacto no pleno gozo dos direitos dos povos indígenas e tribais e comunidades afrodescendentes – e que implementem um **sistema de monitoramento eficaz** das atividades das indústrias extrativistas e de desenvolvimento, especialmente por meio da elaboração de leis que efetivem a proteção dos direitos humanos no contexto das indústrias de extração, exploração e desenvolvimento.

4. PROJETO DE CONVENÇÃO DA ONU SOBRE EMPRESAS TRANSNACIONAIS E DIREITOS HUMANOS

O Conselho de Direitos Humanos da ONU, por meio da Resolução 26/9, de 26 de junho de 2014, estabeleceu o Grupo de Trabalho Intergovernamental de composição aberta sobre empresas transnacionais e outras empresas e as relações com os direitos humanos, com a finalidade de elaborar um instrumento internacional **juridicamente vinculante** para regular, à luz do direito internacional dos direitos humanos, as atividades dessas empresas no âmbito dos direitos humanos. Com um tratado sobre o tema em vigor, os Princípios Orientadores da ONU poderiam servir como seu complemento (a título de guia interpretativo) e como instrumento de colmatação de eventuais lacunas, fortalecendo o sistema (ainda inexistente) de responsabilização de empresas por violação a direitos humanos.

Em 9 de março de 2017, durante o 34° período de sessões do Conselho, a presidente do Grupo de Trabalho Intergovernamental, embaixadora María Fernanda Espinosa (Uruguai), apresentou um Informe que congrega várias opiniões da sociedade civil, das populações afetadas, de professores e de especialistas dos Estados e das Nações Unidas sobre a necessidade de que se conclua um tratado (*hard law*) capaz de exigir que empresas (especialmente as de grande porte) efetivamente **promovam e protejam os direitos humanos**, com possibilidade de responsabilização em caso de descumprimento. O Informe destaca que "[a] maior parte das delegações coincidiu em que as normas voluntárias eram insuficientes e em que o instrumento vinculante devia afirmar que as obrigações em matéria de direitos humanos prevaleciam sobre o direito mercantil", complementando que "[o]s Estados têm as obrigações de legislar em áreas de interesse público, defender os direitos das pessoas frente à privatização, fortalecer os mecanismos de diligência devida e velar para que as empresas transnacionais não exerçam sua influência para evitar a prestação de contas e o pagamento de indenizações às vítimas". Por sua vez, as ONGs presentes "enumeraram alguns dos efeitos negativos para os direitos humanos ocasionados pelas empresas transnacionais e pediram que o instrumento vinculante garantisse os direitos dos povos indígenas, reconhecesse a primazia do direito à água, que é um direito humanos, frente ao afã de lucro no setor da água, e garantisse o acesso à água potável e a outros recursos".

A preocupação das Nações Unidas pauta-se no fato de que muitas empresas, notadamente as grandes corporações transnacionais, resistem com frequência à ideia de regulamentar suas relações com os direitos humanos, dificultando o diálogo atinente ao tema e demandando, via de consequência, medidas impositivas da sociedade internacional, como é caso, *v.g.*, da conclusão de tratado internacional (norma vinculante) que obrigue os Estados a controlar e fiscalizar a impunidade corpo-

Cap. 13 – Empresas e Direitos Humanos

rativa. Nesse sentido, o Alto Comissário da ONU para os Direitos Humanos, durante o segundo período de sessões do Grupo de Trabalho Intergovernamental (outubro de 2016), afirmou que "as entidades empresariais exercem enorme efeito e cada vez maior na vida das pessoas, em especial nas relações entre os sexos, no meio ambiente, nos bairros e no acesso à terra e a outros recursos", sublinhando "a importância de prevenir e corrigir os abusos aos direitos humanos relacionados às atividades empre-sariais e de garantir às vítimas um maior grau de prestação de contas e acesso às vias de recurso".

Portanto, há real expectativa de que as Nações Unidas concluam um Tratado Internacional sobre Empresas Direitos Humanos num futuro próximo. O passo seguinte do Grupo de Trabalho Intergovernamental será discutir o projeto (draft) de tratado apresentado pelo governo do Equador e, posteriormente, finalizá-lo com a submissão à Assembleia Geral da ONU para a devida aprovação e abertura das assinaturas.

5. *COMPLIANCE* NA PROTEÇÃO DOS DIREITOS HUMANOS

A falta de instrumento global vinculante (tratado) que discipline por completo as responsabilidades das empresas por violações a direitos humanos não autoriza as corporações agirem com **abuso de direito** no âmbito de suas atividades.

Há normas internacionais (*soft law*) que atingem o setor privado e que estão a recomendar o Compliance das empre-sas na proteção dos direitos humanos, dentre elas as Diretrizes da OCDE para as Empresas Multinacionais (1976, atualizadas em 2011), a Declaração Tripartite de Princípios sobre Empresas Multinacionais e a Política Social da OIT (2000), o Pacto Global da ONU (2000), além dos já verificados Princípios Orientadores sobre Empresas e Direitos Humanos, do Conselho de Direitos Humanos (2011).

> **Atenção**
>
> Tratando-se de *soft law*, as empresas se sentem livres para cumprir ou não suas determinações, e sabe-se já que, nesses casos, o descumprimento é a regra, e o cumprimento, a exceção.

No plano do direito interno brasileiro, o Decreto n. 9.571, de 21 de novembro de 2018, fixou as **Diretrizes Nacionais sobre Empresas e Direitos Humanos**, estabelecendo, no entanto, que "[a]s diretrizes serão implementadas **voluntariamente** pelas empresas" (art. 1º, § 2º). Assim, apesar de inserir como eixos orientadores das Diretrizes, *inter alia*, a "responsabilidade das empresas com o respeito aos direitos humanos" (art. 2º, II) e a "implementação, o monitoramento e a avaliação das Diretrizes" (art. 2º, IV), não há dúvidas de que o cumprimento da normativa brasileira está a depender da voluntariedade das corporações.

Não obstante esse fato constatado, certo é que há tratados internacionais que, de um modo ou de outro, atingem as condutas empresariais reflexamente, ao exigir dos Estados o cumprimento de suas obrigações relativas a direitos humanos. Todos esses instrumentos (ratificados pelo Brasil) compõem um mosaico protetivo que estão a exigir das empresas o Compliance na proteção dos direitos humanos, enquanto não sobrevém convenção específica da ONU sobre a questão.

O Compliance – que conota cumprimento e sujeição às normas externas e internas ao ambiente empresarial – busca **minimizar os riscos de responsabilização** das empresas por meio de prevenção e precaução de eventuais atividades ilícitas

Cap. 13 – Empresas e Direitos Humanos

praticadas no ambiente corporativo, como, *v.g.*, corrupção, lavagem de dinheiro, crimes ambientais e assédio moral.

> **Atenção**
>
> A efetividade do Compliance advém do respeito que todas as corporações devem ter às normas domésticas e também às normas internacionais (de *hard law* ou *soft law*, sobretudo em matéria de direitos humanos) de que o Estado em que operam faz parte.

Nesse contexto, o Decreto n. 9.571/2018, que fixou as Diretrizes Nacionais sobre Empresas e Direitos Humanos, guarda fundamental importância por fomentar nas empresas – ainda que sob o manto da voluntariedade – o engajamento crescente nos programas de proteção dos direitos humanos no ambiente corporativo, notadamente os relativos às condições decentes de trabalho (art. 7º), ao combate à discriminação nas relações de trabalho e valorização do respeito à diversidade (art. 8º), à identificação dos riscos de impacto e a violação a direitos humanos no contexto de suas operações (art. 9º), ao estabelecimento de mecanismos operacionais de denúncia e de reclamação que permitam identificar os riscos e impactos e reparar violações (art. 10), à adoção de medidas de garantia de transparência ativa (art. 11) e a iniciativas para a sustentabilidade ambiental (art. 12).

Em suma, a observância do Compliance pelas empresas previne os riscos às suas atividades de maneira segura e efetiva, bastando, para tanto, que respeitem as normas internas e internacionais respectivas para alcançar nível *optimum* de boas práticas empresariais.

6. RACISMO AMBIENTAL

Em 1981, o reverendo Benjamin Franklin Chavis Jr. – conhecido líder religioso e do movimento negro nos Estados Unidos – cunhou o termo "racismo ambiental" com referência à política norte-americana na escolha deliberada de comunidades negras para **despojar lixo tóxico e instalar indústrias poluidoras**, ameaçando a vida das comunidades locais ao permitir a utilização de poluentes nesses espaços e ao excluir as populações prejudicadas de qualquer consulta ou participação no processo de tomada de decisão.

Em sua pesquisa, Chavis Jr. verificou que a distribuição espacial de resíduos tóxicos nos Estados Unidos correspondia às áreas habitadas por comunidades afro-americanas e outras etnias menos favorecidas, não às ocupadas por brancos ou populações mais favorecidas, o que fez fomentar o debate sobre a criação de uma **justiça ambiental**.

A situação apresentada, como se nota, não é diferente em outras partes do mundo, em especial na América Latina. De fato, muitas indústrias extrativistas, de exploração ou desenvolvimento instalam-se, com autorização dos governos, em áreas habitadas por pessoas mais pobres para ali desenvolver suas atividades, prejudicando vários direitos dos moradores dessas localidades, como, *v.g.*, o acesso à terra, à água e demais recursos naturais. A falta de garantias aos direitos dessas populações, somadas à pobreza e às constantes discriminações sofridas, reforçam a necessidade de **ações estatais voltadas à sua proteção** da forma mais ampla possível.

No Brasil, cabe à Secretaria Especial de Políticas de Promoção da Igualdade Racial, vinculada ao Ministério dos Direitos Humanos, verificar todas as situações de racismo ambiental apresentadas e adotar as necessárias medidas para o seu efetivo combate.

Cap. 13 – Empresas e Direitos Humanos

Esse, portanto, é mais um desafio que Estados e empresas têm que vencer, para compatibilizar o uso das atividades corporativas com os compromissos internacionais em matéria de direitos humanos assumidos pelos Estados tanto de origem quanto de destino, em especial relativos ao combate ao racismo e à discriminação.

7. DIREITOS HUMANOS DAS EMPRESAS?

Questão interessante a ser analisada diz respeito à possível caracterização das empresas como "pessoas" para reclamarem direitos perante os sistemas internacionais de proteção dos direitos humanos. Trata-se de saber se as empresas, assim como as pessoas físicas, têm para si garantidos os meios de acesso aos sistemas de proteção dos direitos humanos para vindicarem direitos seus.

A Corte Interamericana de Direitos Humanos, na decisão da Opinião Consultiva n. 22, de 26 de fevereiro de 2016, entendeu que **somente as pessoas físicas** são titulares dos direitos e garantias consagrados pela Convenção Americana sobre Direitos Humanos, não as pessoas jurídicas.

A Corte considerou que, no âmbito do sistema interamericano, as expressões "pessoa" e "ser humano" – quer na interpretação literal, como na interpretação teleológica e sistemática da Convenção – **não se referem, de modo algum, às pessoas jurídicas**, senão apenas às pessoas físicas, únicas titulares dos direitos e garantias constantes da Convenção Americana.

De fato, à exceção do sistema europeu, que conta com a previsão do art. 1.º do Protocolo Adicional n. 1, a proteger a propriedade das pessoas jurídicas, não há nos demais sistemas de proteção (global e regionais) qualquer menção às pessoas jurídicas como titulares de direitos humanos no plano internacional. Assim é, *v.g.*, no âmbito do Pacto Internacional dos Direitos Civis e Políticos, que reconhece apenas aos indivíduos o direito de submeter denúncias de violação do Pacto ao Comitê de Direitos Humanos.

Em suma, em razão da interpretação (literal, teleológica e sistemática) da Convenção Americana e do estudo comparado dos sistemas internacionais de proteção, o entendimento da Corte Interamericana é hoje claro no sentido de que "as pessoas jurídicas **não são titulares** de direitos convencionais, pelo que não podem ser consideradas como presumidas vítimas no âmbito dos processos contenciosos perante o sistema interamericano".

8. MEIO AMBIENTE E DIREITOS HUMANOS (OPINIÃO CONSULTIVA 23/17 DA CORTE INTERAMERICANA DE DIREITOS HUMANOS)

As obrigações corporativas relativas à proteção dos direitos humanos têm íntima ligação com a temática ambiental. Para aclarar a questão no Continente americano, a Colômbia solicitou à Corte Interamericana, em 14 de março de 2006, pronunciamento sobre as **obrigações dos Estados relativas ao meio ambiente** no âmbito da proteção e garantia dos direitos à vida e à integridade pessoal previstos na Convenção Americana.

A questão veio respondida pela Corte Interamericana na Opinião Consultiva n. 23, de 15 de novembro de 2017, na qual, pela primeira vez, desenvolveu o conteúdo do direito ao meio ambiente saudável e reconheceu a "relação inegável entre a proteção do meio ambiente e a realização de outros direitos humanos".

Na Opinião Consultiva, a Corte aduziu, *ab initio*, ser dever dos Estados respeitar e garantir os direitos humanos de todas as pessoas sujeitas à sua jurisdição, mas também que, em determi-

Cap. 13 – Empresas e Direitos Humanos

nados casos concretos e de modo excepcional, tal dever pode abranger situações que ultrapassam os seus limites territoriais, como é o caso, *v.g.*, dos **danos transfronteiriços**.

No que tange às empresas registradas em um Estado e que desenvolvem atividades em jurisdição de outro, a Corte reconheceu a tendência (notadamente no âmbito da ONU) em exigir dos Estados que adotem **medidas legislativas ou administrativas** para prevenir que as atividades de companhias transnacionais registradas em seu território impactem negativamente os direitos humanos de pessoas que estejam fora dele.

O tribunal interamericano, ademais, baseando-se nos Princípios Orientadores sobre Empresas e Direitos Humanos da ONU, também reconheceu que, além das obrigações dos Estados em supervisionar e fiscalizar as atividades de empresas que possam causar danos ao meio ambiente, também as próprias empresas têm o dever de atuar em **conformidade com o respeito e a proteção dos direitos humanos**, assim como prevenir, mitigar e serem responsabilizadas pelas consequências negativas de suas atividades sobre os direitos humanos.

Nas conclusões da Opinião Consultiva, a Corte Interamericana opinou deverem todos os Estados-partes na Convenção Americana:

a) Prevenir os danos ambientais significativos, dentro ou fora de seu território, devendo, para tanto, supervisionar e fiscalizar as atividades sob sua jurisdição capazes de lesionar significativamente o meio ambiente, realizar estudos de impacto ambiental quando houver risco de dano significativo ao meio ambiente, bem como tomar medidas preventivas para minimizar a possibilidade de grandes acidentes ambientais e mitigar ao máximo o dano ambiental que se houver produzido, mesmo quando ocorrido apesar das ações preventivas do Estado;

b) Atuar em conformidade com o princípio da precaução, para o fim de proteger a vida e a integridade pessoal perante possíveis danos graves ou irreversíveis ao meio ambiente, mesmo na ausência de certeza científica;

c) Cooperar de boa-fé para a proteção contra danos ao meio ambiente, notificando aos demais Estados potencialmente afetados quando tenham conhecimento de que uma atividade exercida sob sua jurisdição possa gerar risco de danos transfronteiriços significativos e em casos de emergências ambientais, bem como consultar e negociar, de boa-fé, com esses Estados potencialmente afetados pelos danos transfronteiriços significativos; e

d) Garantir o direito de acesso à informação relacionada a possíveis danos ao meio ambiente, bem como a participação pública das pessoas sujeitas à sua jurisdição na tomada de decisões e políticas que possam afetar o meio ambiente, e ainda garantir o acesso à justiça relativamente às obrigações estatais de proteção.

Doravante, portanto, também no sistema interamericano ficam definitivamente reconhecidas as obrigações de Estados e empresas no que tange à proteção dos direitos humanos e do meio ambiente na região, à luz tanto da Convenção Americana sobre Direitos Humanos (art. 26) como do Protocolo de San Salvador (art. 11).

Cap. 13 – Empresas e Direitos Humanos

EM RESUMO:

Princípios Orientadores da ONU	**Promulgação**: Em 16 de junho de 2011. **Objetivo**: busca impedir que empresas violem direitos humanos no curso de suas atividades e exigir a reparação devida quando infrações a tais direitos se perpetrarem no contexto empresarial, notadamente as corporações que contam com a participação ou o apoio dos Estados. **Fundamento**: todos os Estados-membros da ONU têm de promover e proteger os direitos humanos das pessoas que se encontrem em seu território ou sob sua jurisdição, inclusive contra atos de terceiros, como as empresas.
Pilares	• Dever do Estado de evitar abusos aos direitos humanos por parte de terceiros, incluindo as empresas, por meio de políticas, regulamentos e julgamentos apropriados. • Responsabilidade corporativa de respeitar os direitos humanos, realizando auditorias para evitar violações a direitos de outrem e abordar os impactos negativos com os quais as empresas se envolvem. • Necessidade de maior acesso das vítimas à reparação efetiva, por meio de ações judiciais ou não.

Informe da Comissão Interamericana de Direitos Humanos sobre povos indígenas, comunidades afrodescendentes e indústrias extrativistas	• Destaca os impactos humanos, sociais, sanitários, culturais e ambientais causados pelas indústrias extrativistas nos direitos dos povos indígenas e das comunidades afrodescendentes no Continente Americano. • Busca estabelecer um marco regulatório que contemple de forma adequada a operação de companhias estrangeiras na jurisdição de um Estado, devendo tal marco incluir métodos efetivos de supervisão e ter mecanismos acessíveis de acesso à justiça quando violações aos direitos humanos ocorrem. • Cabe aos Estados adotar medidas de prevenção às atividades empresariais danosas, sobretudo às populações ribeirinhas, comunidades tradicionais, povos indígenas e comunidades afrodescendentes, e garantir a todos o acesso à justiça. • Quanto às obrigações e garantias específicas relativas aos povos indígenas e tribais e comunidades afrodescendentes, estão: (1) a de assegurar que as restrições ao uso e gozo das terras, territórios e recursos naturais dos povos indígenas não impliquem uma denegação de sua sobrevivência física e cultural, e (2) a de participação efetiva, estudos de impacto socioambiental e benefícios comparados.

Compliance na proteção dos direitos humanos	A observância do Compliance pelas empresas previne os riscos às suas atividades de maneira segura e efetiva, bastando, para tanto, que respeitem as normas internas e internacionais respectivas para alcançar nível *optimum* de boas práticas empresariais. • Normas internacionais (*soft law*) que atingem o setor privado e que estão a recomendar o Compliance das empresas na proteção dos direitos humanos: Diretrizes da OCDE para as Empresas Multinacionais (1976, atualizadas em 2011), Declaração Tripartite de Princípios sobre Empresas Multinacionais e a Política Social da OIT (2000), Pacto Global da ONU (2000), Princípios Orientadores sobre Empresas e Direitos Humanos (2011). • No Brasil: Decreto n. 9.571/2018 fixou as Diretrizes Nacionais sobre Empresas e Direitos Humanos.
Racismo ambiental	Termo cunhado por Benjamin Franklin Chavis Jr., em 1981, com referência à política norte-americana na escolha deliberada de comunidades negras para despojar lixo tóxico e instalar indústrias poluidoras. Tal situação não é diferente em outras partes do mundo, em especial na América Latina. No Brasil, cabe à Secretaria Especial de Políticas de Promoção da Igualdade Racial, vinculada ao Ministério dos Direitos Humanos, verificar todas as situações de racismo ambiental apresentadas e adotar as necessárias medidas para o seu efetivo combate.

Direitos humanos das empresas?	A Corte Interamericana de Direitos Humanos, na decisão da Opinião Consultiva n. 22 entendeu que somente as pessoas físicas são titulares dos direitos e garantias consagrados pela Convenção Americana sobre Direitos Humanos, não as pessoas jurídicas.
Meio ambiente e direitos humanos	Corte Interamericana na Opinião Consultiva n. 23, em 2017, desenvolveu pela primeira vez o conteúdo do direito ao meio ambiente saudável e reconheceu a "relação inegável entre a proteção do meio ambiente e a realização de outros direitos humanos". Devem todos os Estados-partes na Convenção Americana: *a)* Prevenir os danos ambientais significativos, dentro ou fora de seu território, devendo, para tanto, supervisionar e fiscalizar as atividades sob sua jurisdição capazes de lesionar significativamente o meio ambiente, realizar estudos de impacto ambiental quando houver risco de dano significativo ao meio ambiente, bem como tomar medidas preventivas para minimizar a possibilidade de grandes acidentes ambientais e mitigar ao máximo o dano ambiental que se houver produzido, mesmo quando ocorrido apesar das ações preventivas do Estado; *b)* Atuar em conformidade com o princípio da precaução, para proteger a vida e a integridade pessoal perante possíveis danos graves ou irreversíveis ao meio ambiente, mesmo na ausência de certeza científica;

Meio ambiente e direitos humanos

c) Cooperar de boa-fé para a proteção contra danos ao meio ambiente, notificando aos demais Estados potencialmente afetados quando tenham conhecimento de que uma atividade exercida sob sua jurisdição possa gerar risco de danos transfronteiriços significativos e em casos de emergências ambientais, bem como consultar e negociar, de boa-fé, com esses Estados potencialmente afetados pelos danos transfronteiriços significativos; e

d) Garantir o direito de acesso à informação relacionada a possíveis danos ao meio ambiente, bem como a participação pública das pessoas sujeitas à sua jurisdição na tomada de decisões e políticas que possam afetar o meio ambiente, e ainda garantir o acesso à justiça relativamente às obrigações estatais de proteção.

Também no sistema interamericano ficam definitivamente reconhecidas as obrigações de Estados e empresas no que tange à proteção dos direitos humanos e do meio ambiente na região, à luz tanto da Convenção Americana sobre Direitos Humanos (art. 26) como do Protocolo de San Salvador (art. 11).

Capítulo **14**

Princípios que Regem as Relações Internacionais do Brasil

1. EVOLUÇÃO HISTÓRICA

Os princípios que regem as interações internacionais do Brasil **têm suas raízes na Constituição Política do Império**, promulgada em 25 de março de 1824. Ao longo do tempo, esses princípios foram progressivamente expandidos e aprimorados, culminando na configuração atual presente na Constituição Federal de 1988.

A Constituição do Império, marcada pela consolidação da independência nacional, já disciplinava, desde seu primeiro artigo, o **princípio da independência** como norteador das relações internacionais do Brasil, ao prever que os cidadãos brasileiros "formam uma Nação livre, e independente, que não admite com qualquer outra laço de união, ou federação, que se oponha à sua independência" (art. 1º).

A não admissão de união ou federação "com qualquer outra [nação]" que fosse contrária à independência do Brasil configurava, nitidamente, princípio regente das relações exteriores do Império, a fim de sustentar o Estado brasileiro como ente internacionalmente soberano, e, para a defesa da independência e da integridade do Império, a Constituição imperial previa, ainda, que "[t]odos os brasileiros são obrigados a pegar em armas" contra atos "dos seus inimigos externos, ou internos" (art. 145). A Constituição seguinte, de 1891, adotou como forma de governo, sob o regime representativo, a República Federativa, proclamada em 15 de novembro de 1889. Nessa Constituição, era evidente a **influência do pensamento constitucional norte-americano**, tanto na estruturação do Estado quanto na condução da política externa, notadamente pela precaução contra o imperialismo europeu.

Quanto à regência das relações internacionais, a Constituição de 1891 previa a competência exclusiva do Presidente da República para "declarar a guerra e fazer a paz" e "declarar imediatamente a guerra nos casos de invasão ou agressão estrangeira" (art. 48, 7º e 8º), além de "manter relações com os Estados estrangeiros" (art. 48, 14) e "entabular negociações internacionais, celebrar ajustes, convenções e tratados, sempre *ad referendum* do Congresso, e aprovar os que os Estados celebrarem na conformidade do art. 65, submetendo-os, quando cumprir, à autoridade do Congresso" (art. 48, 16). Em outro dispositivo, sobremaneira significativo, dizia o texto que "[o]s Estados Unidos do Brasil, **em caso algum**, se empenharão em guerra de conquista, direta ou indiretamente, por si ou em aliança com outra nação" (art. 88).

Apesar de o artigo da Carta de 1891 estar inserido no Título V, referente às Disposições Gerais, é inegável que ali se estabelecia um *princípio* relacionado à política externa do Brasil, que consistia na proibição de participação em guerras de conquista. Além disso, a **valorização da arbitragem** já era evidenciada na Constituição de 1891, no art. 34, inciso 11, que atribuía exclusivamente ao Congresso Nacional a prerrogativa de "autorizar o

Cap. 14 – Princípios que Regem as Relações Internacionais do Brasil

Governo a declarar guerra, se não houvesse êxito ou se frustrasse a busca pela arbitragem, e a estabelecer a paz", antecipando a tendência (atualmente plenamente consolidada e não retro-cessiva) da arbitragem nas relações internacionais como um meio pacífico de resolver disputas.

As Constituições subsequentes do Brasil, até a Carta de 1988, à exceção do Texto de 1937, repetiram os avanços anteriormente conquistados. Tanto as Cartas de 1934 e 1946 mantiveram, em seus respectivos artigos 4º, a referência à arbitragem e a proi-bição da guerra de conquista. Adicionalmente, a Constituição de 1946, ampliou a disposição para referir-se aos "meios pacíficos de solução do conflito", embora com poucas modificações ou adições, nada comparável à abrangência do artigo 4º da Cons-tituição Federal de 1988.

A Constituição de 1967, em seu art. 7º, estabelecia, *v.g.*, que "[o]s conflitos internacionais deverão ser resolvidos por negocia-ções diretas, arbitragem e outros meios pacíficos, com a coope-ração dos organismos internacionais de que o Brasil participe", fazendo também constar, entre as competências da União, ao menos duas atinentes às relações internacionais:

a) manter relações com Estados estrangeiros e com eles cele-brar tratados e convenções [observe-se o equívoco daquele Texto Constitucional, pois não é a *União* que celebra tratados e convenções internacionais, senão a *República Federativa do Brasil*, da qual a União é apenas parte] e participar de organizações internacionais (art. 8º, I); e

b) declarar a guerra e fazer a paz (art. 8º, II).

A Emenda n. 1, de 1969, igualmente, no art. 7º, **manteve a tradição da resolução pacífica de conflitos**, especificando sua realização "por negociações diretas, arbitragem e outros meios pacíficos, com a cooperação dos organismos internacionais de que o Brasil participe", vedando também, no parágrafo único, a "guerra de conquista".

Durante os debates constituintes de 1987 a 1988, foram travadas diversas discussões a respeito da alocação dos princípios regentes das relações internacionais do Brasil no texto da Constituição, os quais foram sobremaneira ampliados em comparação aos textos anteriores. A questão passou por várias subcomissões, tendo cada qual apontado ajustes, acréscimos e supressões ao texto, indo, depois, à Comissão de Sistematização para análise das emendas e dos substitutivos primeiro e segundo, este último tendo feito vingar o Projeto de Constituição "A".

Em Plenário, houve alteração do Projeto de Constituição (A) para o Projeto de Constituição (B), a partir de quando os dispositivos atinentes às relações exteriores passaram a figurar no art. 4º, certo que desde o Projeto de Constituição (C) agregou-se ao dispositivo o parágrafo único atinente à participação do Brasil na integração latino-americana. Para a redação final do dispositivo, nomeou-se Comissão de Redação presidida pelo Presidente da Constituinte, e o texto foi transformado em Projeto de Constituição (D), levado a Plenário e aprovado como definitivo, promulgado em 5 de outubro de 1988.

Assim, vinha à luz a vigente Constituição da República Federativa do Brasil, com os **princípios das relações internacionais** do Estado inscritos no art. 4º. O texto final da Constituição de 1988 consagrou como princípios regentes das relações internacionais do Brasil os da independência nacional, prevalência dos direitos humanos, autodeterminação dos povos, não intervenção, igualdade entre os Estados, defesa da paz, solução pacífica dos conflitos, do repúdio ao terrorismo e ao racismo, da cooperação entre os povos para o progresso da humanidade e da concessão de asilo político.

Cap. 14 – Princípios que Regem as Relações Internacionais do Brasil

No parágrafo único do art. 4º do Texto Maior, ficou, ademais, consagrado o ideal de **integração latino-americana**, ali estabelecendo que "[a] República Federativa do Brasil buscará a integração econômica, política, social e cultural dos povos da América Latina, visando à formação de uma comunidade latino-americana de nações".

2. O ART. 4º DA CONSTITUIÇÃO DE 1988

A regência de um Estado nas relações internacionais envolve uma multiplicidade de atores como organizações não governamentais, empresas e pessoas privadas, e de sujeitos de direito internacional como outros Estados e organizações internacionais intergovernamentais, que interagem no plano exterior em prol de interesses muitas vezes díspares. Daí a necessidade de essa interação pautar-se em *princípios* que estabeleçam **uniformidade na conduta dos atores e sujeitos do direito internacional** envolvidos, especialmente dos Estados, sujeitos primários da ordem internacional e sobre os quais recai a maior parcela de responsabilidade na condução dos interesses da humanidade, não obstante as dificuldades que a convivência entre as nações impõe.

Na Constituição Federal de 1988, os princípios regentes das relações internacionais vêm expressos no art. 4º com grande amplitude, demonstrando ter a Carta aceitado a abertura da ordem interna relativamente à ordem internacional, com a consequência de também aceitar cumprir os comandos desta última provenientes. Essa abertura da Constituição à ordem maior, internacional, é caminho sem volta, **característico dos textos constitucionais de Estados democráticos**, no que andou bem, portanto, a Constituição de 1988.

A maioria dos princípios elencados no art. 4º da Constituição é inédita em comparação aos textos anteriores, que não falavam em prevalência dos direitos humanos, em repúdio ao terrorismo e ao racismo, em cooperação entre os povos para o progresso da humanidade ou em concessão de asilo político. Além disso, o Texto de 1988 atribui imperatividade ao seu comando ao dizer que "a República Federativa do Brasil *rege-se* nas suas relações internacionais" pelo rol de princípios ali elencados. Como destaca José Afonso da Silva, "reger-se" é um signo de subordinação, que vale dizer que seu sujeito – "República Federativa do Brasil" – se submete aos elementos componentes do agente – "pelos seguintes princípios" – nas circunstâncias indicadas – "nas relações internacionais"; por essa razão, são de observância obrigatória, ainda que alguns deles se apresentem como enunciados constitucionalmente abertos (Silva, 2006, p. 50). Assim, vincula-se a política externa brasileira e os atos do Ministério das Relações Exteriores (que é *longa manus* do Presidente da República na condução da política externa) à determinação imperativa constitucional, o que, sem dúvida, também representa outro avanço da Constituição em vigor se comparado à previsão do tema nas Constituições anteriores.

Os princípios constantes do art. 4º da Constituição foram os constitucionalmente escolhidos pelo constituinte para **nortear as relações exteriores brasileiras**, tanto com outros Estados, bem assim com organizações internacionais intergovernamentais e diversos outros atores operantes no plano exterior do Estado, como organizações não governamentais, empresas e pessoas privadas. Trata-se de princípios norteadores da política externa brasileira e dos atos do Itamaraty, voltados a **emoldurar a administração das políticas empregadas pelo Brasil** nas relações com outros sujeitos ou atores internacionais, isto é, destinados

Cap. 14 – Princípios que Regem as Relações Internacionais do Brasil **253**

a balizar as ações exteriores do Estado em todas as suas relações *extramuros*.

A seguir, passa-se ao exame, em linhas gerais, dos incisos do art. 4º da Constituição de 1988, que, segundo entendemos, são de observância obrigatória na condução da política externa brasileira.

> **Importante**
>
> Art. 4º A República Federativa do Brasil rege-se nas suas relações internacionais pelos seguintes princípios:
>
> I – independência nacional;
>
> II – prevalência dos direitos humanos;
>
> III – autodeterminação dos povos;
>
> IV – não-intervenção;
>
> V – igualdade entre os Estados;
>
> VI – defesa da paz;
>
> VII – solução pacífica dos conflitos;
>
> VIII – repúdio ao terrorismo e ao racismo;
>
> IX – cooperação entre os povos para o progresso da humanidade;
>
> X – concessão de asilo político.
>
> Parágrafo único. A República Federativa do Brasil buscará a integração econômica, política, social e cultural dos povos da América Latina, visando à formação de uma comunidade latino-americana de nações.

2.1. Independência nacional

Tema previsto no constitucionalismo brasileiro desde a Constituição Imperial de 1824, a "independência nacional" conota a

separação jurídico-política do Estado brasileiro de qualquer outro ente, soberano ou não, que o pretenda de qualquer modo controlar ou conduzir.

Para falar como a Constituição imperial, o valor "independência" não admite laço de união ou de federação com qualquer outra nação que a ele se oponha, pois corolário lógico da soberania dos Estados. A independência nacional, em suma, é fator libertário à atividade de qualquer Estado e deve ser mantida como princípio constitucional *pétreo*, sem possibilidade de revisão ou reversão. Sem independência, não há falar-se em autonomia verdadeira, substancial, em agir do Estado alheio a preocupações de ingerências de qualquer natureza. Por isso a independência é **pilar fundante da organização do Estado**, no plano interno, além de roupagem da soberania no âmbito das relações exteriores, disso decorrendo que o Estado independente não há de seguir regras (internas ou externas) que não lhe sejam convenientes. Sem independência não há Estado verdadeiramente soberano e, por consequência, estrutura de poder capaz de reger os rumos da vida do povo que assenta o seu território.

2.2. Prevalência dos direitos humanos

A prevalência dos direitos humanos é, talvez, o princípio das relações internacionais da Constituição que **mais destaque ganhou nos últimos tempos**, notadamente diante da participação cada vez mais ativa do Brasil em tratados ou organismos internacionais de direitos humanos, bem assim em razão da crescente **aplicação dos instrumentos internacionais de direitos humanos** pelos órgãos internos do Estado (em especial, pelo Poder Judiciário).

Tais instrumentos são produto do direito internacional público e contribuem, em nível global, para a uniformização da proteção dos direitos humanos ao redor do mundo, não obstante deman-

Cap. 14 – Princípios que Regem as Relações Internacionais do Brasil

255

dem a participação formal (ratificação) pelos Estados. Certo é que a abertura constitucional ao tema "direitos humanos" representou a passagem do Estado (autoritário) fundado na regra *ex parte principis* para aquele calcado na democracia *ex parte populi*, deixando antever a aceitação pelo Brasil da abertura à ordem internacional pairante sobre o Estado (Bobbio, 1992, p. 117; Lafer, 2005, p. 14). Na arena internacional essa abertura já se fazia sentir desde o final da Segunda Guerra Mundial, momento a partir do qual, sob os auspícios das Nações Unidas, concluíram-se as mais importantes declarações e os mais significativos tratados de direitos humanos atualmente em vigor, todos formando o *corpus juris* internacional de proteção desses direitos.

Ademais, a prevalência dos direitos humanos, para além de princípio norteador da política externa brasileira, tornou-se **baliza interpretativa de decisões propriamente *internas***, notadamente relativas aos conflitos entre leis internas ou entre tratados e normas domésticas. Nesse sentido, nada de diverso existe na aplicação do princípio em apreço relativamente ao conhecido princípio *pro homine*, podendo-se até mesmo inferir tratar-se de uma só realidade.

O princípio da prevalência dos direitos humanos – inaugurado no direito brasileiro pelo Texto de 1988 e sem similar nos textos constitucionais anteriores – extrapola, portanto, o plano da regência das relações internacionais para, atualmente, e com o apoio da jurisprudência dos tribunais regionais de direitos humanos, ganhar aplicação cada vez maior no Brasil **para auxiliar na resolução de assuntos estritamente domésticos**.

2.3. Autodeterminação dos povos

Esse princípio conota a **liberdade que todos os *povos* (para além de Estados) têm de autodeterminar-se**, isto é, de se conduzir por si próprios e estabelecer, *per se*, os rumos do seu destino, seja político, econômico, social ou cultural, além das condições de exploração de suas riquezas e recursos naturais. Sua positivação tem origem no **princípio das nacionalidades** (defendido por Mancini) e encontra, no direito internacional contemporâneo, consagração no Pacto Internacional sobre Direitos Civis e Políticos, que estabelece, logo em seu art. 1º, 1, que "[t]odos os povos têm direito à autodeterminação", e que "[e]m virtude desse direito, determinam livremente seu estatuto político e asseguram livremente seu desenvolvimento econômico, social e cultural".

Como se nota, o princípio não se refere diretamente à não ingerência, conhecida como *não intervenção*, que é princípio autônomo (estabelecido pela Constituição de 1988 no inciso subsequente) e demonstrativo da **impossibilidade de os Estados intervirem em assuntos domésticos** de outros. A autodeterminação dos povos é a *outra face* da mesma moeda, de característica comissiva para o povo em questão, é dizer, *ativa* para o Estado em causa, que reconhece aos Estados o direito de auto aconselhar.

Certo é que a positivação do princípio da autodeterminação dos povos na Constituição de 1988 demonstra a preocupação do Brasil em respeitar essa *atividade* alheia, é dizer, de os demais Estados decidirem os seus próprios destinos, os rumos do seu futuro etc. Somado, porém, às obrigações internacionais de qualquer Estado em promover e proteger os direitos humanos, o reconhecimento pelo Brasil da autodeterminação dos povos também nos exige atitudes que contribuam para essa autodeterminação contra todo tipo de (neo)colonialismo (*v.g.*, votando em assembleias internacionais contra qualquer tipo de abuso ou jugo de um Estado sobre outro). Daí a necessidade de compatibilização do princípio em apreço (autodeterminação dos povos) com o da **prevalência dos direitos humanos**, tam-

Cap. 14 – Princípios que Regem as Relações Internacionais do Brasil **257**

bém consagrado (em ordem topográfica anterior, inclusive) pela Constituição brasileira de 1988.

2.4. Não intervenção

A não intervenção é, para além de princípio das relações internacionais que *o Brasil* expressou no Texto Constitucional, norma internacional de salvaguarda consagrada no art. 2º, § 7º, da Carta da ONU, segundo o qual "[n]enhum dispositivo da presente Carta autorizará as Nações Unidas a intervirem em assuntos que dependam **essencialmente** da jurisdição de qualquer Estado ou obrigará os membros a submeterem tais assuntos a uma solução, nos termos da presente Carta", à exceção da "aplicação das medidas coercitivas constantes do Capítulo VII [da Carta da ONU]". Assim, nem as Nações Unidas (em seu conjunto) nem os demais Estados (isoladamente, membros ou não da ONU) podem intervir em **assuntos domésticos de outros** quando, para tanto, não convidados ou fora das hipóteses dos assuntos de legítimo interesse internacional, pois aqueles são igualmente soberanos e detentores de poder autogerencial.

Já estudamos o princípio da não intervenção no **Capítulo 4, item 3**, deste livro (*v. supra*). Ali se verificou ser aceita a orientação de serem **essencialmente internas** questões como a definição do sistema político ou do sistema de governo adotado, assim como a determinação da ordem econômica, social ou cultural do Estado. No entanto, questões como a proteção dos direitos humanos e das liberdades fundamentais – as relativas à imigração, nacionalidade, trabalho, armamentos e à não discriminação racial – são, atualmente temas que **extrapolam o âmbito propriamente doméstico** dos Estados, a justificar, portanto, a intervenção das Nações Unidas. Tais matérias, dito de outro modo, não são temas que dependem "essencialmente" da jurisdição interna dos Estados. Fora esses casos excepcionais, a não intervenção é *regra* que há de ser seguida para a salvaguarda da estabilidade das relações internacionais.

O princípio, como se vê, representa a outra face (e complemento) da autodeterminação dos povos, a impedir que Estados se insurjam contra atos ou fatos eminentemente internos de outros, neles intervenha ou dite comandos, independentemente da índole de que se trate.

À evidência, o princípio da autodeterminação seria totalmente ineficaz se se admitisse a ingerência de um Estado em assuntos internos de outros. Em suma, o que pretendeu a Constituição de 1988 dizer na disposição em comento é que está **vedada a ingerência do Brasil** em assuntos domésticos de outros Estados, sendo a recíproca também verdadeira.

2.5. Igualdade entre os Estados

O princípio conota que **os Estados devem ser iguais *entre si***, ao menos do ponto de vista de seus direitos e deveres e da política exterior. Seja um Estado de economia frágil ou uma grande e rica potência, todos são titulares de direitos e obrigações na órbita jurídica e também no plano da política exterior.

Assim, vê-se que o princípio não pretende (nem poderia) dizer que os Estados devam ser *economicamente, socialmente* ou *culturalmente* iguais, senão que todos hão de ter a mesma *voz* (jurídica e política) no âmbito internacional. Por isso, a Carta da ONU estabelece que um de seus propósitos é "[d]esenvolver relações amistosas entre as nações, baseadas no respeito ao princípio de igualdade *de direitos* e de autodeterminação dos povos" (art. 1º, 2), estando a própria Organização "baseada no **princípio da igualdade** de todos os seus membros" (art. 2º, 1).

Cap. 14 – Princípios que Regem as Relações Internacionais do Brasil

Essa igualdade formal, no entanto, vai gradativamente sendo deixada de lado em apoio à perspectiva de que também substancialmente (ainda que com todas as dificuldades daí decorrentes) devem os Estados ser, na medida do possível, *iguais*, notadamente nos planos social e econômico (Dallari, 1994, p. 169-170). Daí ter a ONU, em 1972, proclamado a Carta dos Direitos e Deveres Econômicos dos Estados, no intuito de diminuir as diferenças econômicas entre países industrializados e países em desenvolvimento (Cançado Trindade, 1984).

Seja como for, verdade é que o bom propósito do princípio da igualdade, teoricamente rico e de grande valor, não vem, contudo, confirmado no dia a dia das relações internacionais, com a possibilidade sempre iminente do uso da força (inclusive a econômica) e a ameaça da guerra.

2.6. Defesa da paz

Defender a paz significa, no âmbito das relações internacionais, o comprometimento de **não adotar ou tolerar que se adote qualquer medida tendente a desestabilizar a harmonia das relações entre os Estados**, principalmente o uso da força armada. Trata-se de um direito de "vocação comunitária" que doa racionalidade ao direito internacional contemporâneo, por isso mesmo positivado em nossa Constituição (Mello, 2000, p. 147).

À evidência que enorme similaridade existe com o princípio subsequente, referente à solução pacífica dos conflitos, pois a defesa da paz é gênero do qual a solução pacífica dos conflitos é espécie. A imposição da Constituição de 1988 para que o Brasil adote, como princípio regente de suas relações internacionais, a defesa da paz, **obriga o Estado brasileiro a *intervir* nas relações internacionais para *defender* as medidas pacíficas de solução de controvérsias**, notadamente no âmbito das negociações internacionais, dos órgãos de controle de proteção dos direitos humanos e das agências especializadas das Nações Unidas.

A Constituição de 1988, ainda, diz competir à União declarar a guerra e celebrar a paz (art. 21, II), bem assim ser da competência do Congresso Nacional autorizar o Presidente da República a declarar guerra e a celebrar a paz (art. 49, II). O valor *paz*, na ordem constitucional brasileira, deve espraiar significado *para fora* (âmbito das relações internacionais) e também *para dentro* (sobretudo na aplicação das leis pelo Poder Judiciário) na ressignificação da atuação do Estado no plano da proteção dos direitos humanos *lato sensu*.

2.7. Solução pacífica dos conflitos

A solução pacífica dos conflitos é **princípio tradicional no constitucionalismo brasileiro**, presente desde a Constituição republicana de 1891, que dizia competir privativamente ao Congresso Nacional "autorizar o Governo a declarar guerra, se não tiver lugar ou malograr-se o recurso do arbitramento, e a fazer a paz" (art. 34, 11). É princípio também previsto (sob a rubrica do impedimento de recurso à força armada) no **preâmbulo da Carta da ONU de 1945**, que diz ser objetivo das Nações Unidas a união de forças "para manter a paz e a segurança internacionais, e a garantir, pela aceitação de princípios e a instituição dos métodos, que a força armada não será usada a não ser no interesse comum".

No art. 2º da mesma Carta, estabelece-se como princípio da ONU que "[t]odos os membros deverão evitar em suas relações internacionais a ameaça ou o uso da força contra a integridade territorial ou a dependência política de qualquer Estado, ou

Cap. 14 – Princípios que Regem as Relações Internacionais do Brasil

qualquer outra ação incompatível com os Propósitos das Nações Unidas" (art. 2º, § 4º).

A solução *pacífica* dos conflitos, assim, **abre mão do uso da força** nas relações internacionais, podendo ter lugar pela via diplomática (*v.g.*, negociações diretas, bons ofícios, conciliação etc.) ou contenciosa *lato sensu*, esta última se subdividindo em *quase judicial* (recurso à arbitragem) e *judicial* (ante os tribunais internacionais de jurisdição permanente, *v.g.*, a Corte Internacional de Justiça, no âmbito onusiano, e a Corte Interamericana de Direitos Humanos, na órbita interamericana).

Em suma, a solução pacífica dos conflitos propugnada pela Constituição Federal de 1988 no art. 4º, VII, obriga o Brasil, na condução de sua política externa, a resolver todas as controvérsias internacionais que apareçam sem o implemento de atos violentos *lato sensu*.

2.8. Repúdio ao terrorismo e ao racismo

O Texto Constitucional de 1988 *repudia* o terrorismo e o racismo, é dizer, os *repele* e *rejeita* veementemente. O "repúdio" é **medida comissiva dotada de extremo significado na arena internacional**, pois, a um só tempo, põe à mesa *o lado* em que se apresenta o Estado no cenário internacional e demonstra a sua *atitude* de combater o ato inquinado como terrorista ou racista.

Tanto o *terrorismo* (ato bárbaro de causar "terror" em variadas formas, com destinação própria ou fins políticos) quanto o *racismo* (discriminação de raça que pretende impor superioridade de uma à outra) são práticas ainda atualmente presentes, que **desestabilizam as relações de cordialidade entre as nações** e põem em xeque o sistema onusiano de proteção da paz, razão pela qual demandam medidas enérgicas de combate por meio da união de esforços dos Estados.

No âmbito da ONU, há mais de uma dezena de instrumentos internacionais contra o terrorismo, e, no âmbito interamericano, destaca-se a Convenção Interamericana contra o Terrorismo, de 3 de junho de 2002 (ratificada pelo Brasil em 2005).

No que toca ao racismo, há dispositivo constitucional no Brasil (art. 5º, XLII) a prever que "a prática do racismo constitui crime inafiançável e imprescritível, sujeito à pena de reclusão, nos termos da lei". No plano global, a seu turno, há a Convenção Internacional sobre a Eliminação de Todas as Formas de Discriminação Racial, adotada pela ONU em 21 de dezembro de 1965 (e ratificada pelo Brasil em 1968). No contexto interamericano, destaque-se a Convenção Interamericana contra o Racismo, a Discriminação Racial e Formas Correlatas de Intolerância, de 2013, aprovada no Brasil por maioria qualificada no Congresso Nacional, nos termos do art. 5º, § 3.º, da Constituição, incorporada ao nosso direito interno, portanto, com **equivalência de emenda constitucional** (promulgada pelo Decreto n. 10.932/2022).

Conforme já decidiu o STF, a adesão do Brasil a tratados e acordos multilaterais sobre o tema reforça o repúdio do Estado brasileiro a "quaisquer discriminações raciais, aí compreendidas as distinções entre os homens por restrições ou preferências oriundas de raça, cor, credo, descendência ou origem nacional ou étnica, inspiradas na pretensa superioridade de um povo sobre outro, de que são exemplos a xenofobia, 'negrofobia', 'islamafobia' e o antissemitismo" (*HC* 82.424).

Por fim, recorde-se que o princípio do repúdio ao racismo, associado ao da prevalência dos direitos humanos, norteou, *v.g.*, a conduta do Brasil na Conferência de Durban de 2001, na África do Sul, sobre racismo (Lafer, 2005, p. 26-27).

2.9. Cooperação entre os povos para o progresso da humanidade

Também inédito relativamente às Cartas anteriores do Brasil, o princípio da cooperação entre os povos para o progresso da humanidade sintetiza a **vontade do constituinte brasileiro em superar os obstáculos** das diferenças entre as nações – amenizados, em certa medida, pelos princípios anteriores da prevalência dos direitos humanos, autodeterminação dos povos, não intervenção, igualdade entre os Estados, defesa da paz e solução pacífica dos conflitos – e *ir além* na ideia de **progresso de toda a humanidade**, pelo que impõe a necessária *cooperação* dos Estados no alcance desse desiderato.

Como lembra Celso D. de Albuquerque Mello, o dever de cooperação tem suas raízes na moral internacional que sempre consagrou o princípio da solidariedade, ou, ainda, do auxílio mútuo, não obstante ser obrigação difícil de ser exigida no plano jurídico internacional, em que ainda predomina a ideia de soberania e egoísmo dos Estados (Mello, 2000, p. 160). A par disso, faltou também à disposição constitucional fazer referência às organizações internacionais no âmbito cooperativo, vez que é por meio delas que se tem logrado auxílio mútuo nas relações internacionais (Dallari, 1994, p. 179).

No âmbito onusiano, frise-se ter sido proclamada a *Declaração sobre os Princípios do Direito Internacional Concernentes às Relações Amigáveis e à Cooperação entre os Estados*, adotada por consenso pela Assembleia-Geral em 1970, representando também a vontade da sociedade internacional numa cooperação cada vez mais eficaz. No que tange ao Brasil, certo é que a disposição do art. 4º, IX, da Constituição de 1988, contribui para direcionar a nossa política externa à efetiva cooperação

2.10. Concessão de asilo político

A referência à concessão de "asilo *político*" na Constituição de 1988 pretendeu abranger, na expressão-gênero, as **duas espécies de asilo**, quais sejam, o *diplomático* e o *territorial*.

O asilo diplomático ocorre normalmente em embaixadas, missões diplomáticas ou em navios ou aeronaves de guerra, e é sobretudo **temporário**; já o territorial representa o *ir além* do asilo diplomático e se consuma com o efetivo ingresso do asilado (estrangeiro) no Estado de proteção, dotando-se, por isso mesmo, da **característica da permanência**. Ambos são da tradição diplomática brasileira e latino-americana, a bem ver que os tratados respectivos (Convenção sobre Asilo Diplomático e Convenção sobre Asilo Territorial, ambas de 1954) são instrumentos que provêm de costume internacional *latino-americano*, não reconhecido em muitos países de fora do nosso continente (*v.g.*, países europeus).

Registre-se que nos textos dos instrumentos internacionais que disciplinam o asilo, o instituto tem apenas *uma* motivação, relativa à imputação ao asilado da prática de *crime* de natureza política ou ideológica (ou de crime comum *conexo a um delito político*). Exatamente por isso **o asilo não se confunde com o refúgio**, pois neste não se trata de imputar a alguém a prática de crime de natureza *política* ou *ideológica*, senão perseguição baseada em motivos de raça, religião, nacionalidade, ou pelo fato de pertencer o sujeito a determinado grupo social ou ter certa opinião política.

A previsão constitucional em apreço é imperativa ao dizer que a República Federativa do Brasil "rege-se" pelo princípio da

Cap. 14 – Princípios que Regem as Relações Internacionais do Brasil **265**

"*concessão* de asilo político". Tem-se aí, nota-se, a determinação da *regência* e da *concessão*, em razão de ser o asilo (diplomático ou territorial) qualificado como direito humano fundamental, à luz do que prevê o art. 14, 1, da Declaração Universal dos Direitos Humanos de 1948, segundo o qual "[t]odo ser humano, vítima de perseguição, tem o direito de procurar e de gozar asilo em outros países", complementando o texto que tal direito não pode "ser invocado no caso de perseguição legitimamente motivada por *crimes de direito comum* ou por atos contrários aos objetivos e princípios das Nações Unidas" (art. 14, 2).

Daí se vê que também no plano da Declaração Universal a motivação do asilo político é a prática de *crime*, quer de natureza *política* ou de *opinião*.

2.11. Integração latino-americana e formação de uma comunidade latino-americana de nações

Por derradeiro, o art. 4º da Constituição acrescenta, em seu parágrafo único, que "[a] República Federativa do Brasil buscará a **integração econômica, política, social e cultural dos povos da América Latina**, visando à formação de uma comunidade latino-americana de nações".

A ideia de integração latino-americana, presente desde os primeiros trabalhos da Assembleia Nacional Constituinte, é, no entanto, de teor mais programático que imediato, uma vez que, para a sua concretização, demanda um **plano de ação conjunto dos países latino-americanos** direcionado a tal desiderato, sem contar que, para lograr o êxito esperado, o fator tempo e as mudanças políticas no seu decorrer são completamente determinantes.

Certo, no entanto, é que por se tratar de norma *constitucional* tem por consequência *autorizar* o Brasil a se embrenhar na integração latino-americana, dela participar ativamente, propor soluções visando o seu pleno êxito, bem assim transigir em prol do bem comum dos países latino-americanos, desde que, evidentemente, de acordo com as respectivas normas internacionais de regência, que a todos os Estados se sobrepõem. Daí o acerto da tese de que a regra do art. 4º, parágrafo único, da Constituição viabiliza a incorporação ao nosso sistema jurídico de regras que assegurem tratamento diferenciado às pessoas físicas e jurídicas, e aos produtos originários dos Estados latino-americanos (Dallari, 1994, p. 184). Para os fins a que se refere o parágrafo único do art. 4º da Constituição (não obstante com deficiências estruturais que se espera sejam no futuro superadas) instituiu-se, em 2008, a União das Nações Sul-Americanas – Unasul, com vigência a partir de 11 de março de 2011. A crítica mais severa, contudo, que se faz à estrutura da Unasul é a de **não contar com um sistema sólido de solução de controvérsias**, senão com mero procedimento diplomático sem poder terminativo, para o que se faz premente instituir no bloco verdadeiro órgão *judicial* – é dizer, um *Tribunal de Justiça*, com competências próprias estabelecidas em tratado – capaz de levar a cabo esse necessário mister (Mazzuoli, 2014).

3. JURISPRUDÊNCIA

Art. 4º, I

O art. 1º da Constituição assenta como um dos fundamentos do Estado brasileiro a sua soberania – que significa o poder político supremo dentro do território, e, no plano internacional, no tocante às relações da República Federativa do Brasil com outros Estados soberanos, nos termos do art. 4º, I, da Carta Magna. A soberania nacional no plano transnacional funda-se no princípio da independência nacional, efetivada pelo Presidente da Repú-

Cap. 14 – Princípios que Regem as Relações Internacionais do Brasil

blica, consoante suas atribuições previstas no art. 84, VII e VIII, da Lei Maior. A soberania, dicotomizada em interna e externa, tem na primeira a exteriorização da vontade popular (art. 14 da CRFB) através dos representantes do povo no parlamento e no governo; na segunda, a sua expressão no plano internacional, por meio do Presidente da República. No campo da soberania, relativamente à extradição, é assente que o ato de entrega do extraditando é exclusivo, da competência indeclinável do Presidente da República, conforme consagrado na Constituição, nas leis, nos tratados e na própria decisão do Egrégio STF na Ext. 1.085. O descumprimento do tratado, em tese, gera uma lide entre Estados soberanos, cuja resolução não compete ao STF, que não exerce soberania internacional, máxime para impor a vontade da República italiana ao Chefe de Estado brasileiro, cogitando-se de mediação da Corte Internacional de Haia, nos termos do art. 92 da Carta das Nações Unidas de 1945 (STF, Reclamação 11.243, Rel. Min. Luiz Fux, j. 08.06.2011, *DJe* 05.10.2011).

Art. 4°, II

A anuência do extraditando ao pedido de sua entrega não desobriga o Estado requerente de instruir devidamente esse pedido. Mais: o assentimento do acusado com a extradição não dispensa o exame dos requisitos legais para o deferimento do pleito pelo STF. STF que participa do processo de extradição para velar pela observância do princípio que a CF chama de "prevalência dos direitos humanos" (...). (STF, Ext. 1.195, Rel. Min. Ayres Britto, j. 12.05.2011, *DJe* 21.06.2011).

Art. 4°, V

Arguição de descumprimento dos preceitos fundamentais constitucionalmente estabelecidos: decisões judiciais nacionais permitindo a importação de pneus usados de países que não compõem o Mercosul: objeto de contencioso na Organização

Mundial do Comércio, a partir de 20.06.2005, pela Solicitação de Consulta da União Europeia ao Brasil. (...) Autorização para importação de remoldados provenientes de Estados integrantes do Mercosul limitados ao produto final, pneu, e não às carcaças: determinação do tribunal ad hoc, à qual teve de se submeter o Brasil em decorrência dos acordos firmados pelo bloco econômico: ausência de tratamento discriminatório nas relações comerciais firmadas pelo Brasil (STF, ADPF 101, Rel. Min. Cármen Lúcia, j. 24.06.2009, *DJe* 04.06.2012).

Art. 4°, VIII

O repúdio ao terrorismo: um compromisso ético-jurídico assumido pelo Brasil, quer em face de sua própria Constituição, quer perante a comunidade internacional. Os atos delituosos de natureza terrorista, considerados os parâmetros consagrados pela vigente CF, não se subsumem à noção de criminalidade política, pois a Lei Fundamental proclamou o repúdio ao terrorismo como um dos princípios essenciais que devem reger o Estado brasileiro em suas relações internacionais (CF, art. 4°, VIII), além de haver qualificado o terrorismo, para efeito de repressão interna, como crime equiparável aos delitos hediondos, o que o expõe, sob tal perspectiva, a tratamento jurídico impregnado de máximo rigor, tornando-o inafiançável e insuscetível da clemência soberana do Estado e reduzindo-o, ainda, à dimensão ordinária dos crimes meramente comuns (CF, art. 5°, XLIII). A CF, presentes tais vetores interpretativos (CF, art. 4°, VIII, e art. 5°, XLIII), não autoriza que se outorgue, às práticas delituosas de caráter terrorista, o mesmo tratamento benigno dispensado ao autor de crimes políticos ou de opinião, impedindo, desse modo, que se venha a estabelecer, em torno do terrorista, um inadmissível círculo de proteção que o faça imune ao poder extradicional do Estado brasileiro, notadamente se se tiver em consideração a relevan-

Cap. 14 – Princípios que Regem as Relações Internacionais do Brasil

tíssima circunstância de que a Assembleia Nacional Constituinte formulou um claro e inequívoco juízo de desvalor em relação a quaisquer atos delituosos revestidos de índole terrorista, a estes não reconhecendo a dignidade de que muitas vezes se acha impregnada a prática da criminalidade política (STF, Ext. 855, Rel. Min. Celso de Mello, j. 26.08.2004, *DJ* 1º.07.2005).

Raça e racismo. A divisão dos seres humanos em raças resulta de um processo de conteúdo meramente político-social. Desse pressuposto origina-se o racismo que, por sua vez, gera a discriminação e o preconceito segregacionista. (...) Adesão do Brasil a tratados e acordos multilaterais, que energicamente repudiam quaisquer discriminações raciais, aí compreendidas as distinções entre os homens por restrições ou preferências oriundas de raça, cor, credo, descendência ou origem nacional ou étnica, inspiradas na pretensa superioridade de um povo sobre outro, de que são exemplos a xenofobia, "negrofobia", "islamafobia" e o antissemitismo (STF, HC 82.424, Rel. Min. Maurício Corrêa, j. 17.09.2003, *DJ* 19.03.2004).

Art. 4º, IX

No plano da cooperação internacional, é possível a participação das autoridades estrangeiras, desde que não haja nenhuma interferência delas no curso das providências tomadas (STF, HC 89.171, Primeira Turma, Rel. Min. Menezes Direito, j. 24.03.2009, *DJe* 08.05.2009).

Art. 4º, X

Questão sobre existência jurídica, validez e eficácia de ato administrativo que conceda refúgio ao extraditando é matéria preliminar inerente à cognição do mérito do processo de extradição e, como tal, deve ser conhecida de ofício ou mediante provocação de interessado jurídico na causa. (...) Eventual nulidade absoluta do ato administrativo que concede refúgio ao extraditando deve ser pronunciada, mediante provocação ou de ofício, no processo de extradição. (...) Não configura crime político, para fim de obstar o acolhimento de pedido de extradição, homicídio praticado por membro de organização revolucionária clandestina, em plena normalidade institucional de Estado Democrático de Direito, sem nenhum propósito político imediato ou conotação de reação legítima a regime opressivo. (...) Não caracteriza a hipótese legal de concessão de refúgio, consistente em fundado receio de perseguição política, o pedido de extradição para regular execução de sentenças definitivas de condenação por crimes comuns, proferidas com observância do devido processo legal, quando não há prova de nenhum fato capaz de justificar receio atual de desrespeito às garantias constitucionais do condenado (STF, Ext. 1.085, Rel. Min. Cezar Peluso, j. 16.12.2009, *DJe* 16.04.2010).

Art. 4º, parágrafo único

Sob a égide do modelo constitucional brasileiro, mesmo cuidando-se de tratados de integração, ainda subsistem os clássicos mecanismos institucionais de recepção das convenções internacionais em geral, não bastando, para afastá-los a existência da norma inscrita no art. 4º, parágrafo único, da Constituição da República, que possui conteúdo meramente programático e cujo sentido não torna dispensável a atuação dos instrumentos constitucionais de transposição, para a ordem jurídica doméstica, dos acordos, protocolos e convenções celebrados pelo Brasil no âmbito do Mercosul (STF, CR 8.279 AgR, Rel. Min. Celso de Mello, j. 17.06.1998, *DJ* 10.08.2000).

Cap. 14 – Princípios que Regem as Relações Internacionais do Brasil

EM RESUMO:

Evolução histórica	Com raízes na Constituição Política do Império, promulgada em 25 de março de 1824, tais princípios foram progressivamente expandidos e aprimorados, culminando na configuração atual da Constituição de 1988. **Características:** • Constituição de 1824: Princípio da independência como norteador das relações internacionais do Brasil • Constituição de 1891: influência do pensamento constitucional norte-americano, tanto na estruturação do Estado quanto na condução da política externa. Estabelecia um princípio relacionado à política externa do Brasil, que consistia na proibição de participação em guerras de conquista, bem como valorização da arbitragem. • Constituição de 1967: "[o]s conflitos internacionais deverão ser resolvidos por negociações diretas, arbitragem e outros meios pacíficos, com a cooperação dos organismos internacionais de que o Brasil participe"; manter Relações com Estados estrangeiros e com eles celebrar tratados e convenções (art. 8°, I); declarar a guerra e fazer a paz (art. 8°, II).
Art. 4° da Constituição de 1988	O texto final da Constituição de 1988 consagrou como princípios regentes das relações internacionais do Brasil os da independência nacional, prevalência dos direitos humanos, autodeterminação dos povos, não intervenção, igualdade entre os

Art. 4º da Constituição de 1988	Estados, defesa da paz, solução pacífica dos conflitos, do repúdio ao terrorismo e ao racismo, da cooperação entre os povos para o progresso da humanidade e concessão de asilo político. No parágrafo único do art. 4º do Texto Maior ficou, ademais, consagrado o ideal de integração latino-americana.
Jurisprudência	• Art. 4º, I • Art. 4º, II • Art. 4º, V • Art. 4º, VIII • Art. 4º, IX • Art. 4º, X • Art. 4º, parágrafo único

Bibliografia

Bobbio, Norberto. *A era dos direitos*. Tradução: Carlos Nelson Coutinho. Rio de Janeiro: Campus, 1992.

Bonavides, Paulo. *Curso de direito constitucional*. 10. ed. São Paulo: Malheiros, 2000.

Brownlie, Ian. *Princípios de direito internacional público*. Tradução: Maria Manuela Farrajota. Lisboa: Fundação Calouste Gulbenkian, 1997.

Cançado Trindade, Antônio Augusto. As Nações Unidas e a nova ordem econômica internacional. *Revista de Informação Legislativa*, Brasília, ano 21, n. 81, p. 213-232, jan./mar. 1984.

Crenshaw, Kimberle. Demarginalizing the intersection of race and sex: a black feminist critique of antidiscrimination doctrine, feminist theory and antiracist politics. *The University of Chicago Legal Forum*, Issue 1, p. 139-167, 1989.

Dallari, Pedro. *Constituição e relações exteriores*. São Paulo: Saraiva, 1994.

Lafer, Celso. *A internacionalização dos direitos humanos*: Constituição, racismo e relações internacionais. Barueri: Manole, 2005.

Mazzuoli, Valerio de Oliveira. *Controle jurisdicional da convencionalidade das leis*. 5. ed. rev., atual. e ampl. Rio de Janeiro: Forense, 2018.

MAZZUOLI, Valerio de Oliveira. *Curso de direitos humanos*. 10 ed. rev., atual. e ampl. São Paulo: Método, 2024.

MAZZUOLI, Valerio de Oliveira. *Curso de direito internacional público*. 15. ed. rev., atual. e ampl. Rio de Janeiro: Forense, 2023.

MAZZUOLI, Valerio de Oliveira. *Direitos humanos, Constituição e os tratados internacionais*: estudo analítico da situação e aplicação do tratado na ordem jurídica brasileira. São Paulo: Juarez de Oliveira, 2002.

MAZZUOLI, Valerio de Oliveira; RIBEIRO, Dilton. Indigenous rights before the Inter-American Court of Human Rights: a call for a pro individual interpretation. *Revista Instituto Interamericano de Derechos Humanos*, v. 61, p. 133-171, 2015.

MAZZUOLI, Valerio de Oliveira. *Por um Tribunal de Justiça para a Unasul*: a necessidade de uma corte de justiça para a América do Sul sob os paradigmas do Tribunal de Justiça da União Europeia e da Corte Centro-Americana de Justiça. Brasília: Senado Federal, 2014.

MELLO, Celso D. de Albuquerque. *Direito constitucional internacional*: *uma introdução*. 2. ed. rev. Rio de Janeiro: Renovar, 2000.

PIOVESAN, Flávia. *Direitos humanos e o direito constitucional internacional*. 12. ed. rev. e atual. São Paulo: Saraiva, 2011.

SILVA, José Afonso da. *Comentário contextual à Constituição*. 2. ed. São Paulo: Malheiros, 2006.